四川外国语大学重庆非通用语学院
系列研究丛书

构建周边利益共同体研究

on Constructing a Neighborhood
Community with a Shared Interest

主 编·郭兵云

时 事 出 版 社
北 京

目录

contents

近邻篇

远邻篇

前　言

熊　炜

一

当今世界正处于百年未有之大变局，面对治理赤字、信任赤字、和平赤字、发展赤字等全球突出问题，有些大国奉行“本国利益优先”，在全球范围内发动贸易战，并纷纷退出各类国际组织，拒不遵守众多国际协议，以维护一己私利，极力规避大国应负的国际责任。中国则主张，“一个时代有一个时代的问题，一代人有一代人的使命”，适时提出具有中国特色的人类命运共同体这一重大中国方案。这一理念于2017年被写入联合国社会发展委员会第55届会议通过的“非洲发展新伙伴关系的社会层面”决议中。

中国在不同场合，针对不同双边、多边关系和国际问题提出不同类型、不同层次的命运共同体。从区域大小划分，包括双边国家共同体、地区共同体和人类共同体。习近平在不同场合提出中国与某一国的双边共同体，如中柬共同体、中德共同体等。地区共同体则有中拉共同体、中非共同体、中阿共同体等。不同类型的共同体，由于与中国关系不同，其层次也不同。中国与柬埔寨是“守望相助的命运共同体”；中国与越南是“两党、两国和两国人民相互支持、相互帮助，坚持党的领导和社会主义道路，成为具有战略意义的命运共同体”。亚洲各国“利益交融、安危与共”，日益成为“一荣俱荣、一损俱损的命运共同体”。

各种共同体均以共同利益为前提，换言之，不同性质的利益共同体是不同性质的共同体的前提。人类命运共同体亦然。当今世界，各国利益处于“你中有我、我中有你”的复合相互依赖状态。在全球变暖、推动全球贸易自由化、反恐等领域，各国已经形成“一荣俱荣、一损俱损”的利益共同体。各国在追求本国利益时，只有适当顾及相关国家的利益和重大关切，履行必要的国际义务，承担必要的国际责任，才能更好地实现本国利益。相反，如果一国只顾本国眼前利益而对其他相关国家的利益置若罔闻，既会损失该国的战略利益或长远利益，也可能引发地区或国际冲突，不利于维护地区稳定与世界和平。

面对新时代的利益共同体，中国主张各国之间要尊重、理解、支持彼此的核心利益和重大关切。国家主权、独立、领土完整、安全、独立自主等是国家的核心利益和重大关切。损害他国核心利益或重大关切，直接关系到他国的生存或发展。在全球化不断深化与拓展的新时代，各国利益相互依赖，各国利益关系错综复杂，如果不尊重、理解、支持彼此的核心利益和重大关切，将引发其他国家做出强烈反应。大国之间尤其如此，一旦某个大国损害其他大国的核心利益和重大关切，不但将引发当事国之间的矛盾与冲突，还有可能引发国际危机甚至世界范围内的局势紧张。

面对新时代的利益共同体，中国在与发展中国家交往时坚持正确的义利观。2013 年 3 月，习近平主席在出访非洲期间第一次提出正确义利观。2017 年，正确义利观被写进党的十九大报告。“义，反映的是我们的一个理念，共产党人、社会主义国家的理念。”① 坚持正确义利观，就是要弘义融利，与发展中国家实现共同发展。中国的发展是世界的机遇，与其他国家的经贸合作为东道国提供了大量的就业机会。“一带一路”倡议坚持共享原则，为沿线发展中国家在五通领域的发展提供了契机。坚持正确义利观，就是要义利相兼、以义为先。中国作为负责任的大国，作为最大的发展中国家，在与其他发展中国家交往时，主张并切实践行“不搞我赢你输、我多你少”的新型国际关系，“在一些具体项目上将照顾对方利益”。② 坚持正确义利观，就是必要时仗义执言，为发展中国家伸张正义。中国领导人在不同国际场合始终强调，无论将来中国怎么发展，都永远属于发展中国家。2015 年 9 月 28 日，习近平主席在出席联大一般性辩论的演讲中指出，中国“将继续和广大发展中国家站在一起，坚定支持增加发展中国家”“在国际治理体系中的代表性和发言权，中国在联合国的一票永远属于发展中国家”。

面对新时代的利益共同体，中国在与周边国家交往时奉行“亲诚惠容”理念。“无论从地理方位、自然环境还是相互关系看，周边对我国都具有极为重要的战略意义。”为了给中国发展争取良好周边环境，维护亚洲的和平与稳定，2013 年 10 月，中国召开了新中国成立以来史上首次周边外交工作座谈会。习近平指出，中国“周边外

---

① 王毅：《坚持正确义利观　积极发挥负责任大国作用》，《人民日报》2013 年 9 月 10 日。

② 习近平：《携手构建合作共赢新伙伴　同心打造人类命运共同体》，《人民日报》2015 年 9 月 27 日。

交的基本方针，就是坚持与邻为善、以邻为伴，坚持睦邻、安邻、富邻，突出体现亲、诚、惠、容的理念”。① 其中，“亲诚惠容”是新时代中国处理周边关系的新理念。“亲”，既指中国与周边国家在血缘上的亲切（海外华人、华侨和华裔在周边国家分布最密集），也指地缘上相邻、文化上相近，更指国家关系上的亲近。“‘亲’强调的是亲缘纽带关系，体现了中国与周边国家在地缘、人缘、文缘方面的相通和亲近感。”② “诚”是指中国与周边国家交往时要坦诚相待、以诚待人，“不回避现实存在的分歧和冲突，明确划定自己的立场和底线，同时尊重周边国家的顾虑和感受”。③ “惠”主要是指中国与周边国家在重大经济问题上“共商共享”，最终实现在经济关系上的“互惠互利”。“容”是指中国与周边国家在文化或文明上要互鉴共容，在发展模式上相互尊重、相互包容，“亚太之大容得下大家共同发展，所以要以更加开放的胸襟和更加积极的态度促进地区合作。”④

二

在中国与世界共同构建的众多利益共同体中，周边利益共同体

---

① 《习近平在周边外交工作座谈会上发表重要讲话强调》，新华网，2013 年 10 月 25 日，http：//www. xinhuanet. com/politics/2013 - 10/25/c _117878897. htm。（上网时间：2021 年 9 月 21 日）

② 邢丽菊：《从传统文化角度解析中国周边外交新理念》，《国际问题研究》2014 年第 3 期。

③ 卢光盛、许利平：《周边外交“亲诚惠容”新理念及其实践》，《国际关系研究》2015 年第 4 期。

④ 阮建平：《深植中华文化根基的周边外交理念》，《人民论坛》2019 年 10 月（下）。

是最重要的。中国与周边国家的经贸关系空前密切。中国是日本、韩国、越南、俄罗斯等国家的最大贸易伙伴。中国与东盟、韩国等次地区或国家建立自贸区，中国与韩国、日本三国自贸区正在谈判中。2020 年，中国与日本、韩国、澳大利亚、新西兰和东盟十国共 15 方成员签署了《区域全面经济伙伴关系协定》（RCEP），是迄今为止世界上人口最多、经贸规模最大、最具发展潜力的自由贸易区。其中，最能彰显中国与亚洲国家密切经贸关系的是 2013 年先后在中国两个重要邻国——哈萨克斯坦和印度尼西亚提出的“丝绸之路经济带”和“21 世纪海上丝绸之路”。自 2013 年提出“一带一路”倡议以来，即使受到 2020 年初开始的新冠肺炎疫情的严重冲击，“一带一路”合作在中国周边仍然有条不紊地推进着。

中国与周边国家日益密切的经贸关系催生了中国与邻国间的各类对话机制，其中比较有代表性的国际机制有上海合作组织、中日韩三国总理对话机制、中印俄三边对话机制、中国—东盟会晤机制、中日韩与东盟（10 +3）对话机制、APEC、澜沧江—湄公河对话机制。此外，还有以主场外交形式举办的中国进口贸易博览会、“一带一路”国际合作高峰论坛、世界政党大会、博鳌亚洲论坛、中国东盟博览会等。这些对话机制的产生与存续，不仅为中国与周边国家维持密切的经贸关系提供了政治保障，也为各国间消除政治误解提供了对话平台。

新时代，中国与周边国家在人文领域的密切交流，进一步充实了中国与周边国家命运共同体的内涵。中国与尼泊尔、俄罗斯等多个邻国互办文化年，进一步促进了中国民众与尼泊尔民众、俄罗斯民众等国家民众的相互了解。中国与周边国家在教育领域的交流不断提升，互访游客量也空前增加。2019 年 5 月 15 日，来自亚洲的 47

个国家在北京召开亚洲文明对话大会。亚洲文明对话大会，为促进亚洲及世界各国文明开展平等对话、交流互鉴、相互启迪提供了一个新的平台。① 这标志着亚洲国家之间的文明交流达到新高度。

三

大国兴衰史表明，周边稳定是大国兴起、强盛的基础。中国要实现“两个一百年”的宏伟目标，维护稳定的周边环境是前提。构建中国周边利益共同体，是维持中国周边稳定与和平的题中之义。针对如何构建中国周边利益共同体，本书进行了初步探索与尝试。

在理论篇中，收集了《人类命运共同体视域下的中国国际责任研究》和《主场外交建设良好国家形象》两篇文章。构建中国周边利益共同体，是新时代中国做负责任大国的重要体现。本书主编郭兵云参与撰写的《人类命运共同体视域下的中国国际责任研究》一文，主要分析了在政治、经济、文化、社会和生态五个领域的举措和成效。随着中国实力的不断增强、国际地位的进一步上升，中国的国际责任意识也“水涨船高”。中国作为一个负责任的大国，既有足够的实力，也有足够的经验和智慧，与邻国共同构建周边利益共同体。

2013 年以来，中国举办了多场产生重要影响的主场外交。中国充分利用主场外交优势，阐述了中国梦、亚太梦、亚洲安全观、新

① 《深化文明交流互鉴　共建亚洲命运共同体——在亚洲文明对话大会开幕式上的主旨演讲》，光明网，2019 年 5 月 16 日，https：//news. gmw. cn/2019 – 05/16/content_32836765. htm。(上网时间：2021 年 9 月 21 日)

安全观、人类命运共同体等重要中国理念，展示了中国形象和魅力，在周边国家中树立了良好的国家形象，为构建中国周边利益共同体提供了新平台，注入了新动力，丰富了新内涵。《主场外交建设良好国家形象》一文，主要归纳了新时代中国主场外交在构建中国国家形象方面已经取得的主要成效。

在近邻篇中，收集了余珍艳博士的《印尼的基础设施建设及面临的挑战》《印尼华侨华人对中国海外基础设施投资的认知》和曹帅英博士的《经济数据库建设现状与未来展望》三篇文章。国家之间、地区之间的密切经济关系无法完全阻止各国之间矛盾的升级、冲突的发生，却能一定程度上延缓矛盾的升级、冲突的发生。换言之，在国际关系中，足够密切的经济联系能在两国关系中起到一定的“兜底”作用。这种“兜底”作用，突出表现为两国关系的“压舱石”，如2005年以来“政冷经热”的中日关系、2012年以来竞争性不断上升的中美关系。“一带一路”倡议既可以促进中国与沿线国家的经济合作，也为中国与沿线国家的关系稳定起到“兜底”作用。上述三篇文章从近邻印尼、经济数据库等视角分析了中国与近邻构建经济利益共同体的基本路径。

在远邻篇中，收集了王然博士的《新时代中国与海合会国家劳务合作》、鲁鹏博士的《新时代中国与太平洋岛国经济合作：动力与影响》和张涛的《中国与白俄罗斯人文交流：历程、成就与特点》三篇文章。这些国家虽然不是中国地理意义上的邻国，但在经济和文化各方面均与中国联系密切。以白俄罗斯为例，中国与中东欧16+1的对话机制中，白俄罗斯扮演了最特殊的角色，是中国与中东欧国家关系的典范，它属于广义上的周边国家。中国在白俄罗斯建成了中国在东南欧国家中最大的工业园区。中白密切的经济关系必然需要相应的人文交流作为支撑。两国只有加强人文交流，才能培养足够多能胜任两国经贸关系发展的人才。此外，两国间的人文交流也将进一步巩固和提升两国关系的发展。

理论篇

人类命运共同体视域下的中国国际责任研究*

卓旭春　郭兵云**

引言：问题的提出及研究现状

做一个负责任的国家，承担与中国国力相应的国际责任，是中华人民共和国自成立以来重要的外交目标和外交实践。中国是一个具有强烈国际责任感和使命感的国家，随着国力的不断增强，中国越来越积极主动地参与全球治理，承担国际责任。十九大报告明确指出："中国将继续发挥负责任大国作用，积极参与全球治理体系改革和建设，不断贡献中国智慧和力量。"

* 基金项目：本文是以下项目阶段性成果：四川外国语大学 2018 年度校级年度科研一般项目"利益等级视角下的'一带一路'支点国家建设"，项目编号：sisu2018037；2019 年度国家社会科学基金青年项目"大战略竞争下东盟地区安全治理机制变迁及中国对策研究"，项目编号：19CGJ009。

** 作者简介：卓旭春，广西财经大学思政部讲师，史学硕士；郭兵云，四川外国语大学国际关系学院副教授、博士。

通过不同视角观察中国的国际责任，有利于我们更加深入地认识中国的国际责任，建构负责任大国。当前，学界主要从以下视角研究中国的国际责任。

第一，纵向历史视角。从历史维度出发，有利于发现中国国际责任观的变化。吴兵分析了改革开放前后中国国际责任观的变化：内容上，从战争与革命转变为和平与发展；表达方式上，从“国际主义”转变为“国际责任”。① 宋伟等梳理了改革开放以来中国负责任大国外交理论的创新发展，中国负责任大国的核心理念分别是独立自主、和平发展；伙伴关系、和而不同；和平崛起、和谐世界；新型国际关系、人类命运共同体。②

第二，横向现实视角。大部分学者从现实维度出发，分析中国国际责任的内容、中国承担国际责任面对的困难并提出应对策略。李东燕从国际责任的认定与特征出发研究中国的国际责任，指出国际法是中国承担国际责任的主要依据。③ 周鑫宇从国际体系出发，认为中国需要承担三种国际责任：“基础责任”“有限责任”和“领袖责任”。④ 吕晓莉分析了美国、欧盟、日本及发展中国家四组不同政治实体对中国“负责任大国”的要求和期望。⑤

第三，理论阐释视角。通过不同理论或概念框架解释、分析国

---

① 吴兵：改革开放以来中国负责任大国身份建构，《社会主义研究》2014 年第 4 期。

② 宋伟、齐桐萱：改革开放以来中国负责任大国外交理念的创新发展，《社会科学》2018 年第 9 期。

③ 李东燕：从国际责任的认定与特征看中国的国际责任，《现代国际关系》2011 年第 8 期。

④ 周鑫宇：中国国际责任的层次分析，《国际论坛》2011 年第 6 期。

⑤ 吕晓莉：“中国责任论”语境下“负责任大国”外交理念浅析，《当代世界与社会主义》2009 年第 4 期。

际责任，有利于深化对国际责任的理论认知，进而更好地构建或承担国际责任。王存刚等从建构主义出发，基于结构—单元模式，分析了中国负责任大国身份的建构。[①] 赵洋运用哈贝马斯的交往行动理论，以中美战略与经济对话为例，论证中国通过对美国的争论、商议和劝说，使美国一定程度上接受了中国负责任大国的角色。[②] 徐正源基于角色认知理论分析了中国负责任大国的形成机制。[③]

上述三种研究视角各有所长、相互补充。其中，学界从理论或理念视角研究中国国际责任的成果较少。构建人类命运共同体是“习近平外交思想中的核心理念”和“新时代中国外交追求的崇高目标”，[④] 是中国在新时代向国际社会贡献的全球治理新方案。[⑤] 目前，尚无学者从此理念的视角研究中国国际责任。从人类命运共同体的视角研究中国的国际责任，有利于我们更加全面和深刻地认识新时代中国的国际责任。人类命运共同体的内涵主要涵盖“伙伴关系、安全格局、经济发展、文明交流、生态建设”五个方面，本文将从上述五个方面分析中国承担国际责任、构建负责任大国的外交实践。

---

① 王存刚、王瑞领：论中国负责任大国身份的建构，《世界经济与政治论坛》2008年第1期。

② 赵洋：交往行动、战略对话与中国负责任大国身份建构，《世界经济与政治》2017年2期。

③ 徐正源：中国负责任大国角色认知的形成机制分析，《教学与研究》2010年第1期。

④ 杨洁篪：在习近平外交思想指引下开启中国特色大国外交新征程，《求是》2019年第9期。

⑤ 廖凡：全球治理背景下人类命运共同体的阐释与构建，《中国法学》2018年第5期。

一、政治领域：建立平等相待、合作共赢的伙伴关系

推动国际政治经济秩序和国家间关系朝更加公平合理的方向发展，是中国在国际社会中的重要使命之一。伙伴关系的根本特点是国家间相互平等、相互尊重、合作共赢，截然不同于权责和地位均不对等的同盟关系。中国除了努力构建与其他主要大国间“不冲突不对抗、相互尊重、合作共赢”的“新型大国关系”外，还在“亲诚惠容”与正确义利观的指导下与周边国家和发展中国家发展平等相待、合作共赢的伙伴关系。

（一）切实践行“亲诚惠容”理念，巩固与周边国家的睦邻友好关系

为创造良好的周边环境和维护亚洲的和平与稳定，2013 年 10 月，习近平在周边外交工作座谈会上提出处理周边关系的“亲诚惠容”新理念。“亲”，既指中国与周边国家在血缘上的亲切，也指地缘上相邻、文化上相近，更指国家关系上的亲近。“诚”是指中国与周边国家交往时要坦诚相待，“不回避现实存在的分歧和冲突，明确划定自己的立场和底线，同时尊重周边国家的顾虑和感受”。[①]“惠”是指中国在与周边国家在重大经济问题上共商共享、互惠互利。“容”是指中国与周边国家在文化上要互鉴共容，在发展模式上相互

① 卢光盛、许利平：周边外交“亲诚惠容”新理念及其实践，《国际关系研究》2015 年第 4 期。

尊重，“亚太之大容得下大家共同发展，所以要以更加开放的胸襟和更加积极的态度促进地区合作”。[①]

十八大以来，中国切实践行“亲诚惠容”理念。中国与绝大多数周边国家开展了不同层次和频次的互动。中国与蒙古国、越南、柬埔寨等邻国形成“走亲戚式”“串门式”“回家式”等彰显地缘、人缘、文缘亲近的高层交流形式，夯实了与周边国家的亲缘基础。中国同菲律宾、越南和印度等与中国存在领土或领海争端的国家非常坦诚地宣示了本国的立场和底线。中菲关系于 2016 年迎来转机，中越关系也得到稳定。在中国切实践行“亲诚惠容”理念的努力下，中国周边的一些热点问题开始冷却，中国与绝大多数周边国家成为守望相助的“好邻居、好朋友、好伙伴”。中国构建了良好的周边环境，维护了与周边国家的良好关系，为亚洲的和平、稳定与繁荣做出重要贡献。

（二）坚持正确义利观，维持与发展中国家的友好关系

正确义利观是十八大以来指导中国与发展中国家关系的思想指南。“义，反映的是我们的一个理念，共产党人、社会主义国家的理念”。[②] 2017 年，正确义利观写进党的十九大报告。

在外交实践中，中国主要从以下三个方面坚持正确义利观。第一，弘义融利，与发展中国家实现共同发展。2015 年习近平主席在出席并主持南南合作圆桌会时明确指出，“在一些具体项目上将照顾对方利益”，更“不搞我赢你输、我多你少”。同时宣布，未来 5 年

---

① 阮建平：深植中华文化根基的周边外交理念，《人民论坛》2019 年第 1 期（下）。

② 王毅：坚持正确义利观　积极发挥负责任大国作用，《人民日报》，2013 - 9 - 10（7）。

中国将向发展中国家提供“6 个 100”项目支持，并向世界卫生组织提供 200 万美元的现汇援助。[①] 第二，仗义执言，为发展中国家伸张正义。中国一贯支持广大发展中国家在国际舞台上发挥更大作用，也始终支持东盟在东亚合作中发挥主导作用。2016 年 1 月 18 日，习近平主席在对沙特进行国事访问之际，在沙特《利雅得报》发表的署名文章中指出，“中方将一如既往支持中东和平进程，支持建立以 1967 年边界为基础、以东耶路撒冷为首都、拥有完全主权、独立的巴勒斯坦国”。[②] 第三，深明大义，推动国际秩序朝更加公平合理的方向发展。十八大以来，中国在推动国际秩序朝更加公平合理的方向发展，在维护世界公平正义方面取得可喜成就。2015 年 12 月，亚洲基础设施投资银行（AIIB）正式成立。次年 1 月，亚投行开业仪式暨理事会和董事会成立大会在北京举行。“亚投行正式成立并开业，对全球经济治理体系改革完善具有重大意义，顺应了世界经济格局调整演变的趋势，有助于推动全球经济治理体系朝着更加公正合理有效的方向发展”。[③]

二、安全领域：营造公道正义、共建共享的安全格局

无论是传统安全还是非传统安全，都与生命安全息息相关，因

① 习近平：携手构建合作共赢新伙伴　同心打造人类命运共同体，《人民日报》2015－9－29（2）。

② 习近平：做共同发展的好伙伴，《人民日报》2016－1－18（1）。

③ 习近平在亚洲基础设施投资银行开业仪式上的致辞，《人民日报》2016－01－17（02）。

此中国一直非常重视在安全领域内履行国际责任。面对新的国际安全形势，理论上，中国适时提出新安全观这一重要理念；实践上，中国积极维护地区与世界和平。

（一）为解决更加复杂的国际安全问题，中国提出了新安全观

在新的安全局势下，提出新安全观是解决新安全问题的前提。中国在安全领域提出总体国家安全观和新安全观两个重大安全理念。其中，新安全观是总体国家安全观在国际上的自然延伸，也是中国为世界安全理论做出的重要贡献。

习近平主席在2014年上海亚信会议上提出“共同安全、综合安全、合作安全、可持续安全的亚洲安全观”。[①] 这是中国在提出总体国家安全观后，首次将其延伸至对外关系领域。此后，在上合组织峰会、金砖会晤机制及联合国等重要国际场合，“共同安全、综合安全、合作安全、可持续安全”被称为新安全观。共同安全是指安全的对象应该包括所有国家而不只是某几个主要发达国家。综合安全是指在安全的内容上，既包括传统安全也包括非传统安全，而不仅指传统安全。2020年初开始的新冠肺炎疫情在全球蔓延后，造成的人员伤亡不亚于一场战争。合作安全是指在维护国家安全的方式上，各国要在平等互利、协商沟通的基础上通过合作来解决安全问题。在新时代，国家安全已经综合化、国际化，各国只有通过合作而不是以邻为壑或画地为牢，才能真正有效地维护本国安全。可持续安全是指在安全的时效上，是长期安全而不是短期安全。国家可以通过忍辱负重、拆东墙补西墙等方式换取短期安全，但只有通过发展

① 习近平：积极树立亚洲安全观　共创安全合作新局面，《人民日报》2014－05－22（02）。

来保障长期安全，才能实现可持续的国家安全。

（二）在实践中，大力促进地区与世界和平

中国作为一个负责任大国，在认识到世界各国是人类命运共同体之后，除了加强本国安全体系建设、继续坚持不首先使用核武器、走和平发展道路及和平共处五项原则外，还大力维护地区与世界和平。

中国坚持以和平方式处理与邻国的领土争端。2012—2017 年间，钓鱼岛问题和南海问题一度使东海和南海安全局势十分紧张。2017 年中印洞朗对峙，两国矛盾激化。在上述领土争端问题上，中国并没有因为本国军事实力占优而诉诸武力，而是在坚守利益底线的基础上，从本国利益及周边安全局势的大局出发，坚持以和平方式处理上述问题。作为一个负责任大国，中国努力维护地区和平。2017 年以来，中国促成朝美领导人先后在新加坡、越南、板门店会晤，极大地缓和了朝鲜半岛的紧张局势。中国还与上合组织其他成员一起打击“三股势力”，促进了中亚的稳定与安全，并吸纳印度和巴基斯坦加入上合组织，有效缓解了南亚紧张局势。随着中国自身实力的增强以及国际责任意识的相应提高，中国积极维护世界和平，在联合国维和行动方面表现得尤其突出。近年来，中国还更广泛、更深入地参与到联合国维和行动中。截至 2018 年 8 月，中国共有 2507 名官兵在联合国 8 个任务区及维和部执行任务。中国是联合国五常中派遣维和人员最多的国家，是联合国维和第二大出资国，被国际社会誉为“维和行动的关键因素和重要力量”。①

---

① 王汉水：中国是联合国维和行动的重要力量，http：//www. 81. cn/theory/2018 - 10/19/content_9317222. htm.

三、经济领域：谋求开放创新、包容互惠的发展前景

自2006年以来，中国对世界经济增长的贡献率稳居世界第一，成为世界经济增长第一引擎，其中2013—2018年年均贡献率为28.1%。面对全球发展失衡、全球增长动能不足、全球经济治理滞后等世界经济领域三大突出矛盾，[①] 中国积极贡献自身智慧。

（一）提出以共商共建共享为原则的“一带一路”倡议

在世界经济增长动力不足、欧亚大陆基础设施总体需求大、中国基础设施建设能力强的背景下，中国适时提出“一带一路”倡议。中国作为“一带一路”的首倡国，于2015年3月发布了《“一带一路”愿景与行动》。中国在既有双边机制和多边机制的基础上积极推动与沿线国家的合作，同时创造性地在2017年5月和2019年4月举办了两届“一带一路”国际合作高峰论坛。在中国与相关国家的共同努力下，“一带一路”倡议成绩斐然。截至2019年3月底，中欧班列累计开行数量超过1.4万列，通达境外15个国家和50个城市。中国与沿线国家新增国际航线1239条，约占新开通国际航线总量的70%。2013—2018年，中国与沿线国家货物贸易进出口总额超过6万亿美元，中国企业对沿线国家直接投资超过900亿美元。同沿线国家共建82个境外合作园区，创造约30万个就业岗位，上缴东道

① 习近平：共担时代责任　共促全球发展，《人民日报》2017-01-18（03）。

国税费20多亿美元。[①] 可见，“一带一路”受到沿线国家的欢迎，被国际社会接受和赞许。联合国秘书长古特雷斯表示，“‘一带一路’为世界带来重要机遇”。国际货币基金组织（IMF）前总裁拉加德表示，“一带一路”将促进全球金融合作，且已经成为当今世界规模最大的合作平台。

共商共建共享原则是“一带一路”的核心要义和突出特点。所有关于“一带一路”的合作文件都是与沿线国家充分“共商”后再决定“共建”的，这保证了其成果必然“共享”。“一带一路”中的共商共建共享原则是一种新型全球治理观和全球治理思想，“有助于全球治理走出实践和理论困境、引领塑造新型全球治理和世界秩序”。[②]

（二）创造性地举办中国国际进口博览会，建设开放型世界经济

面对“逆全球化”抬头，一方面，中国呼吁各国从全球大局出发，放弃单边主义和保护主义等错误行为。习近平主席在主场外交和其他国际场合多次发表以“开放型世界经济”为主题的演讲。另一方面，中国与其他国家一起共同维护和推动开放型世界经济。金砖国家领导人共同宣言、上合成员国元首理事会共同宣言均明确提出，反对任何形式的贸易保护主义。

在国内，中国采取一系列举措推进开放型经济建设，充分展现

① 数说“一带一路”建设成就，http：//www.81.cn/syjdt/2019－04/26/content_9489460.htm.

② 秦亚青、魏玲：新型全球治理观与“一带一路”合作实践，《外交评论》2018年第2期。

了一个“言出必行”的负责任大国形象。为提升对外开放的深度和广度，十八大以来中国先后建立了18个自由贸易试验区。为切实推动开放型世界经济，2018年和2019年，中国在上海连续举办了两届中国国际进口博览会，主动向世界开放市场。在2019年第二届进博会上，3800多家企业参展，较首届增加200多家，世界500强和龙头企业达288家；第二届进博会意向成交额达711.3亿美元，较首届增长23%。[①] 进博会的举行得到国际社会的普遍认可。“当贸易开放对大部分国家而言都是难以下咽的毒药时，习近平主席最近（即在第二届中国进博会举办之际）却重申中国欢迎更多的进口”。[②]

四、文化领域：促进和而不同、兼收并蓄的文明交流

不同文明之间的交往在全球化时代空前频繁。全球化时代不同文明之间该如何相处，是一个极其重要的理论和现实问题。这个问题没处理好，极易引发“文明冲突”。中国结合本国文化的特点及当前不同文明交往中存在的突出问题，提出具有鲜明中国特色和时代特色的文明观，并且切实践行中国文明观，树立“中国榜样”。

（一）提出“平等、互鉴、对话、包容”的中国文明观

习近平主席在国际场合多次阐述中国“平等、互鉴、对话、包

① 第二届中国国际进口博览会实现“越办越好”，《中国外资》2020年第2期。

② Gary. Hufbauer. One and a Half Cheers for President Xi's Claims of China's Openness to Imports, https：//www. piie. com/blogs/china – economic – watch/president – xi – claims – china – open – to – imports.

容”的文明观。在2019年亚洲文明对话大会开幕式的主旨演讲中，习近平主席全面系统地阐述了中国文明观。他指出，不同文明之间要“坚持相互尊重、平等相待”，即各文明在地位上是平等的，“文明只有姹紫嫣红之别，但绝无高低优劣之分”，因此不同文明要相互尊重。各文明之间该如何相处？“美人之美、美美与共”。如何才能促进世界文明的发展？即文明发展的路径是什么？“开放包容、互学互鉴”“一切生命有机体都需要新陈代谢”“如果长期自我封闭，必将走向衰落。交流互鉴是文明发展的本质要求”。习近平主席洞悉了世界文明的发展规律：“任何一种文明都要与时偕行，不断吸纳时代精华”。[①]

新时代中国的文明观，截然不同于文明冲突论、文明同化论、文化保守主义、文化相对主义等理论主张；摒弃了文明优越论，摆脱了文明等级观念，冲破了征服型的文明心态，[②] 为构建人类命运共同体提供了文化路径，在世界文明领域内充分展现了中国的负责任大国形象。

（二）切实推动世界不同文明间的交流互鉴

中国不仅适时提出新时代文明观，更是在外交实践中切实推动世界文明的交流与发展。在国内层面，中国充分利用主场外交等平台展示中国文化。中国结、祥云、丝绸、茶叶、瓷器、敦煌飞天等中国元素在杭州、厦门等国际会议或赛事主办地随处可见。主场外

---

① 习近平：深化文明交流互鉴　共建亚洲命运共同体，《人民日报》2019－05－16（02）。

② 张世飞：习近平文明观的丰富意蕴及当代价值，《人民论坛》2019年第9期（中）。

交的文艺晚会及宴会上的菜单，向各位来华访问的政要有声有色地展示了辉煌灿烂的中华文明。作为东道国，中国通过微观器物相对具体地展示了历史底蕴深厚、多元一体、多样和谐的中华文化。2014 年 APEC 北京峰会，各国元首在欢迎宴会上所穿的宋锦，其根为“中”，其魂为“礼”，其形为“新”，合此三者，谓之“新中装”。与会领导人及其夫人在水立方一个被改造的游泳池上合影留念，与晚宴上善若水、同舟共济的主题相呼应。①

在国际层面，中国在教育、文化、体育等领域与其他国家一起搭建了众多交流和合作平台。中国已经与俄罗斯、法国、印度等国家共同举办了“文化年”，极大地促进了中国与相关国家的人文交流。为发展中国家的青年到中国留学提供奖学金是中国与其他国家加强人文交流的重要形式。2014 年 7 月，习近平主席在巴西访问时宣布，在未来 5 年内，中方将向拉美和加勒比国家提供 6000 个政府奖学金名额、6000 个赴华培训名额及 400 个在职硕士名额，并于 2015 年启动“未来之桥”中拉青年领导人千人培训计划。② 中国还与金砖国家、“一带一路”沿线国家举办电影节等活动。近年来，中国体育外交硕果累累。中国在参加各类国际性体育赛事以及举办世界性体育比赛的过程中，展示了“百花齐放春满园”的中国体育外交风格，呈现了“构建人类命运共同体”的中国体育外交愿景。③

① 杜桂丽、石维丹：民族特色服饰彰显文化自信中，《华文化论坛》2015 年第 2 期。

② 习近平：努力构建携手共进的命运共同体，《人民日报》2014－07－19（02）。

③ 赵富学：习近平新时代体育外交重要论述的核心内涵、价值意蕴及实践特质，《体育科学》2019 年第 9 期。

五、生态领域：构筑尊崇自然，绿色发展的生态体系

全球气候问题超越国界，是人类共同面对的重大问题。1992 年以来，联合国气候大会先后通过《联合国气候变化框架公约》《京都议定书》及《巴黎协定》等在全球气候治理历史上具有里程碑意义的重要公约。在这些文件的指导下，全球气候治理取得一定成绩，但总体而言治理效果并不理想。美国特朗普政府退出《巴黎协定》、英国脱欧加剧了全球气候治理的困境。作为最大的温室气体排放国、世界第二大经济体，中国在十九大报告中明确了自身在全球气候治理中的责任与定位："引导应对气候变化国际合作，成为全球生态文明建设的重要参与者、贡献者、引领者"，要"建设美丽中国，为人民创造良好生产生活环境，为全球生态安全做出贡献"。

（一）提出建设生态文明的新理念和新原则

气候问题是一个外交和内政双重建构的问题。无论是国内生态文明建设还是全球气候治理，中国在不同场合均阐释了"人与自然是生命共同体"的内涵。

国内层面，中国通过《政府工作报告》《"十三五"规划纲要》、十九大报告、全国生态环境保护大会等途径和方式，阐明了中国生态文明建设的重大理念和重要原则。在十八届五中全会上，"绿色"成为五大发展理念之一。党的十九大报告提出"人与自然是生命共同体"的新理念，并指出"人类必须尊重自然、顺应自然、保护自

然”。2018年5月，习近平总书记在全国生态环境保护大会上详细阐述了加强生态文明建设的原则：人与自然和谐共生、绿水青山就是金山银山、良好生态环境是最普惠的民生福祉、山水林田湖草是生命共同体、用最严格制度最严密法治保护生态环境、共谋全球生态文明建设。[①] 全球气候问题是人类命运共同体“五位一体”板块中，全球化程度最深的领域。全球气候恶化，没有国家能够独善其身，人类命运共同体的理念在气候领域体现得最充分。人类命运共同体理念是中国从全人类的高度阐述全球气候治理的新视角和新立场，有利于国际社会从宏观上推进全球气候治理。习近平主席在2015年气候变化巴黎大会上指出，一份成功的全球气候治理协议应该符合四个有利于：有利于实现公约目标，引领绿色发展；有利于凝聚全球力量，鼓励广泛参与；有利于加大投入，强化行动保障；有利于照顾各国国情，讲求务实有效。[②] 中国关于全球气候治理的理念和经验得到国际社会的高度认可。联合国副秘书长兼环境署执行主任埃里克·索尔海姆表示：“中国的生态文明建设理念和经验，为全世界可持续发展提供重要借鉴，贡献中国的解决方案。”

（二）做全球生态文明建设的重要参与者、贡献者、引领者

在实践中，国内与国际两个层面相互促进。中国积极承担全球气候治理责任有利于倒逼中国生态文明建设，而国内生态文明取得的成就则会在国际社会中给中国“加分”。

2014年以来，《政府工作报告》一直强调要建设生态文明、加

---

① 习近平：推动我国生态文明建设迈上新台阶，《求是》2019年第3期。

② 习近平：携手构建合作共赢、公平合理的气候变化治理机制（2015年11月30日），《人民日报》2015-12-01（02）。

大环境整顿、推动绿色发展。2018 年以来，推进污染防治成为中国政府的“三大攻坚战”之一。2016 年《中华人民共和国环境保护税法》通过并从 2018 年 1 月 1 日起施行。2017 年底开始，中国启动了碳排放权交易体系，2019 年年底，财政部印发《碳排放权交易有关会计处理暂行规定》。在中国上述举措的推进下，生态建设成效显著。2018 年底，中国提前 3 年兑现“2020 年单位 GDP 排放强度（比 2005 年）下降 40% -45%”的目标。在国际层面，中国充分扮演了全球生态文明建设的重要参与者、贡献者、引领者的角色。中国与欧美等主要国家一起，推动全球气候治理不断向前发展。2015 年的《巴黎协定》保持了“共区”原则，中国在其中发挥了首要作用。中国与“一带一路”倡议沿线各国一起打造“绿色丝绸之路”“健康丝绸之路”。中国虽然不是《联合国气候变化框架公约》附件二的缔约方，没有向发展中国家提供资金和技术支持的义务，但中国主动帮助发展中国家尤其是非洲国家、小岛屿国家和最不发达国家应对气候变化。[①] 2016 年起，中国启动了在发展中国家开展 10 个低碳示范区、100 个减缓和适应气候变化项目及 1000 个应对气候变化培训名额的合作项目。在全球气候治理方面，中国充分发挥了一个负责任大国的作用。

小　结

中国在人类命运共同体“五位一体”五个不同领域中承担着国

① 薄燕：中国全球气候治理观的要义、基础与实践，《当代世界》2019 年第 12 期。

际责任，在理论上和实践上均做出突出贡献。透过人类命运共同体这一视域，我们发现中国承担国际责任的三个突出特点。第一，全面性。人类命运共同体所涵盖的“五位一体”，表明中国在各个领域都承担了国际责任，并且在各个不同领域中均是不可或缺的力量。第二，主动性。作为人类命运共同体的重要一员，中国在自身需要承担多少国际责任、承担哪些国际责任、在其中扮演什么角色等问题上完全拥有自主性和独立性。第三，创新性。毋庸置疑，近代以来，西方国家在各个领域均取得重大突破，为人类发展做出重大贡献。近代以来的落后和西方的先进性导致中国在很长一段时间内对西方的政治、经济等内容全面学习和模仿。然而，西方理论、制度和实践的局限性日益突出，更加自信的中国在反思全球治理局限性的基础上，提供了“人类命运共同体”的新理念，并在政治、安全、经济等五大领域的理论和实践上大胆创新。

［参考文献］

吴兵:《改革开放以来中国负责任大国身份建构》,《社会主义研究》, 2014 年第 4 期。

宋伟、齐桐萱:《改革开放以来中国负责任大国外交理念的创新发展》,《社会科学》, 2018 年第 9 期。

李东燕:《从国际责任的认定与特征看中国的国际责任》,《现代国际关系》, 2011 年第 8 期。

周鑫宇:《中国国际责任的层次分析》,《国际论坛》, 2011 年第 6 期。

吕晓莉:《“中国责任论”语境下“负责任大国”外交理念浅析》,《当代世界与社会主义》, 2009 年第 4 期。

王存刚、王瑞领:《论中国负责任大国身份的建构》,《世界经济与政治论坛》, 2008 年第 1 期。

赵洋:《交往行动、战略对话与中国负责任大国身份建构》,《世界经济与政治》, 2017 年第 2 期。

徐正源:《中国负责任大国角色认知的形成机制分析》,《教学与研究》, 2010 年第 1 期。

杨洁篪:《在习近平外交思想指引下开启中国特色大国外交新征程》,《求是》, 2019 年第 9 期。

廖凡:《全球治理背景下人类命运共同体的阐释与构建》,《中国法学》, 2018 年第 5 期。

卢光盛、许利平:《周边外交"亲诚惠容"新理念及其实践》,《国际关系研究》, 2015 年第 4 期。

阮建平:《深植中华文化根基的周边外交理念》,《人民论坛》, 2019 年第 10 期(下)。

王毅:《坚持正确义利观　积极发挥负责任大国作用》,《人民日报》, 2013 年 9 月 10 日。

习近平:《携手构建合作共赢新伙伴　同心打造人类命运共同体》,《人民日报》, 2015 年 9 月 29 日。

习近平:《做共同发展的好伙伴》,《人民日报》, 2016 年 1 月 18 日。

《习近平在亚洲基础设施投资银行开业仪式上的致辞》,《人民日报》, 2016 年 1 月 17 日。

习近平:《积极树立亚洲安全观　共创安全合作新局面》,《人民日报》, 2014 年 5 月 22 日。

王汉水:《中国是联合国维和行动的重要力量》, http://www.

81. cn/theory/2018 – 10/19/content_9317222. htm。（上网时间：2020 年 4 月 22 日）

习近平:《共担时代责任　共促全球发展》，《人民日报》，2017 年 1 月 18 日。

《数说“一带一路”建设成就》，http：//www. 81. cn/syjdt/2019 – 04/26/content_9489460. htm。（上网时间：2020 年 4 月 22 日）

秦亚青、魏玲:《新型全球治理观与“一带一路”合作实践》，《外交评论》，2018 年第 2 期。

《第二届中国国际进口博览会实现“越办越好”》，《中国外资》，2020 年第 2 期。

Gary Clyde Hufbauer：One and a Half Cheers for President Xi's Claims of China's Openness to Imports，https：//www. piie. com/blogs/china – economic – watch/president – xi – claims – china – open – to – imports.

习近平:《深化文明交流互鉴　共建亚洲命运共同体》，《人民日报》，2019 年 5 月 16 日。

张世飞:《习近平文明观的丰富意蕴及当代价值》，《人民论坛》，2019 年 9 月（中）。

杜桂丽、石维丹:《民族特色服饰彰显文化自信中》，《华文化论坛》，2015 年第 2 期。

习近平:《努力构建携手共进的命运共同体》，《人民日报》，2014 年 7 月 19 日。

赵富学:《习近平新时代体育外交重要论述的核心内涵、价值意蕴及实践特质》，《体育科学》，2019 年第 9 期。

习近平:《推动我国生态文明建设迈上新台阶》，《求是》，2019

年第3期。

习近平：《携手构建合作共赢、公平合理的气候变化治理机制》，《人民日报》，2015年12月1日。

薄燕：《中国全球气候治理观的要义、基础与实践》，《当代世界》，2019年第12期。

主场外交建设良好国家形象

郭兵云

在国际社会，国家形象是指一国对另一国的总体印象。良好的国家形象可以为本国带来经济利益和国际威望，是国家软实力的重要来源，因此国家形象是国家发展战略的重要组成部分。2013 年 12 月，习近平总书记在中共中央政治局集体学习时发表重要讲话，明确了新时期建设国家形象的方向——文明大国、东方大国、负责任大国、社会主义大国。国家是建设国家形象的设计师和主导力量。国家可以通过在本国举办的各类国际活动建构良好国家形象。其中，十八大以来习近平主席主持的重大主场外交极大地改善了中国的国家形象。

一、展示辉煌灿烂的文明大国

中国是四大文明古国之一，中华文明延续五千年而未断裂。习近平主席指出，要树立“历史底蕴深厚、各民族多元一体、文化多样和谐”的文明大国形象。十八大以来的主场外交主要从以下两个方面展示出中国辉煌灿烂的文明。

第一，阐述孕育于传统思想的中国文明观。随着全球化程度的不断加深，各文明之间交往空前频繁，随之产生两个问题：各文明之间的地位是否平等？各文明之间该如何相处？

近代以来，西方国家长期在实力上占有绝对优势，形成强烈的民族优越感和文化优越感。进入21世纪以来，随着新兴市场国家的崛起和西方国家的相对衰弱，西方国家的各种优越感开始减弱，但在西方人潜意识里，文化优越感仍然存在。在西方国家的潜台词里，东西方文明是不平等的。以亨廷顿为代表的部分西方学者认为，文明冲突不可避免。

对于上述两个问题，中国在十八大以来的若干重大主场外交中给出了答案。上合青岛峰会上，习近平主席提出“平等、互鉴、对话、包容”的中国文明观。在2019年亚洲文明对话大会开幕式上，习近平主席发表题为《深化文明交流互鉴共建亚洲命运共同体》的主旨演讲。习近平主席系统、全面、深入地阐述了中国文明观，主张不同文明之间相互平等。“文明只有姹紫嫣红之别，但绝无高低优劣之分。”“认为自己的人种和文明高人一等，执意改造甚至取代其他文明”的“做法上是灾难性的！”[①] 不同文明之间要相互欣赏、相互借鉴、相互开放、和谐共生，而不是你死我活、优胜劣汰的竞争关系。只有美人之美、美美与共，世界文明才能在相互借鉴和相互开放中保持旺盛的生命力。

第二，会议外的其他场合展示特色鲜明的中华文化。在主旨演讲等重要讲话中，习近平主席主要从国家交往、文明发展等宏观层面相对抽象地阐述中国的文明观。在正式会议外的其他场合，中国

① 习近平：《深化文明交流互鉴　共建亚洲命运共同体》，《人民日报》2019－5－16第2版。

在服装、场景布置、饮食、文艺晚会等微观器物层面相对具体地展示了历史底蕴深厚、多元一体、多样和谐的中华文化。APEC 北京峰会各国元首或首脑在欢迎宴会上所穿的宋锦，其根为“中”，其魂为“礼”，其形为“新”，合此三者，谓之“新中装”，表达了中国人“有朋自远方来不亦乐乎”的好客之道。[①] 与会领导人及其夫人在水立方一个被改造的游泳池上合影留念，与晚宴上善若水、共舟共济的主题相呼应。中国结、祥云、丝绸、茶叶（西湖龙井）、瓷器等中国元素在杭州、厦门等国际会议或赛事主办地随处可见。多场主场外交的文艺晚会及宴会上的菜单，都向各位来华访问的政要更加有声有色地展示了辉煌灿烂的中华文明。

二、构建“五位一体”的东方大国

习近平主席指出，要建设“政治清明、经济发展、文化繁荣、社会稳定、人民团结、山河秀美的东方大国形象”。这与十八大以来全面推进的经济建设、政治建设、文化建设、社会建设、生态文明建设，即五位一体总体布局的内容完全一致。在重大主场外交中，中国主要在以下几个方面树立东方大国形象。

第一，发动廉洁倡议，加强与国际社会的反腐合作。十八大以来，中国的反腐倡廉建设成效显著。在与世界联系空前紧密的背景下，中国利用主场外交，不断加强国际反腐合作，以巩固和强化国内反腐工作成效，促进政治清明。在北京 APEC 峰会上，《亚太经合

① 《APEC 火了多少中国品牌：宋锦订单似雪片飞来》，http：//finance. sina. com. cn/china/20141117/080320835543. shtml。

组织第 26 届部长级联合声明》以附件的形式对外发布了《北京反腐败宣言》，这是第一个由中国主导起草的国际性反腐败宣言，充分体现了中国在加强反腐败追逃追赃合作方面的关切和立场。[①] 在第二届“一带一路”国际合作高峰论坛期间，中国设立廉洁丝绸之路分论坛，与相关方共同发起《廉洁丝绸之路北京倡议》。“在反腐败追逃追赃、反贿赂等领域开展全天候、多层次、高效能的合作，拒绝成为腐败人员和腐败资产的避风港”。[②]

第二，介绍中国在经济发展、文化繁荣方面的成就。中华人民共和国成立以来，先后走过立国、富国和强国三个发展阶段，[③] 中国在经济、文化发展方面的成就举世瞩目。十八大以来的主场外交，从不同方面展示了中国在经济和文化发展方面的巨大成就。在北京 APEC 峰会、G20 杭州峰会和 2018 年博鳌亚洲论坛年会等主场外交中，习近平主席简要介绍了中国在经济建设中取得的巨大成就：世界第二大经济体、第一大工业国、第一大货物贸易国、第一大外汇储备国；按照可比价格计算，GDP 年均增长约 9.5%；以美元计算，中国对外贸易额年均增长 14.5%；7 亿多贫困人口成功脱贫，占同期全球减贫人口总数 70% 以上。[④] 中国虽然极少在主场外交中专门展示在文化发展上取得的巨大成就，但在主场外交的文艺晚会等场合中得到间接展示。

第三，展示中国社会稳定、人民团结的良好局面。中国在经济

---

① 王新民、何韬：APEC 领导人非正式会议反腐败成果综述，http：//www.ccdi.gov.cn/special/ztzz/ztzzjxs_ztzz/201411/t20141127_32070.html.

② 《廉洁丝绸之路北京倡议》，《中国纪检监察》2019 年第 9 期。

③ 胡宗山：《新中国外交六十年：基本经验与未来转型》，《社会主义研究》2009 年第 5 期。

④ 习近平：《开放共创繁荣创新引领未来》，《人民日报》2018－04－11 第 3 版。

发展和文化繁荣方面取得的巨大成就，为社会稳定和人民团结打下了坚实基础。十八大以来开展的精准扶贫工作，进一步促进了中国社会稳定、人民团结。在G20杭州工商峰会开幕式上的主旨演讲中，习近平主席向世界介绍了改革开放以来中国在脱贫工作上为世界做出的重要贡献，还介绍了"精准扶贫"工作的目标："在2020年前实现现行标准下5700多万农村贫困人口全部脱贫，贫困县全部摘帽"①。除了在重大主场外交的主旨演讲中介绍中国社会稳定、人民团结的基本情况外，与会外国宾客通过现场观察和体验，更加切实地感受到中国社会稳定、人民团结。

第四，阐释中国绿色发展理念，展现美丽中国。十八大报告提出要建设美丽中国，此后中国更加注重绿色发展，绿色发展理念多次写入政府工作报告并于2017年写入十九大报告。中国生态建设成效明显，在主场外交中得到一定展现。在2019年北京世界园艺博览会开幕式上，习近平主席出席并发表题为"共谋绿色生活，共建美丽家园"的讲话，阐释了中国的生态文明建设："生态文明建设已经纳入中国国家发展总体布局，建设美丽中国已经成为中国人民心向往之的奋斗目标。中国生态文明建设进入了快车道。"② 中国借助世界园艺博览会和G20杭州峰会、金砖国家厦门峰会、上合组织青岛峰会、博鳌亚洲论坛等重大主场外交，既向世界展示了中国在生态建设方面取得的成就，也向世界展示了中国的锦绣山河。

---

① 习近平：《中国发展新起点　全球增长新蓝图》，《人民日报》2016-9-4第3版。
② 习近平：《共谋绿色生活，共建美丽家园》，《人民日报》2019-4-29第2版。

三、建构积极主动的负责任大国

习近平主席强调，中国展示出一个“坚持和平发展、促进共同发展、维护国际公平正义、为人类做出贡献的负责任大国形象”。做一个负责任大国，既要有一定的实力基础，更要有强烈的愿意基础。十八大以来，中国充分利用主场外交，向世界展示和表达了中国是一个有实力、有能力、有意愿参与全球治理的负责任大国。

第一，积极探索并认真践行新型安全观，宣示和展现中国坚持走和平发展道路的决心。中华人民共和国成立以来，坚持和平共处五项原则，坚持走和平发展道路。十八大以来，面对百年未有之大变局，中国充分利用主场外交的机会，积极探索新安全观，充实和平发展新内容。上海亚信峰会上，习近平首次正式提出共同、综合、合作、可持续的亚洲安全观。[①] 在抗战胜利 70 周年阅兵式上，习近平宣布中国将裁军 30 万，用实际行动表明中国不走国强必霸老路的决心。上合青岛峰会上，习近平强调中国与上合组织各成员国之间，要构建不结盟、不对抗、不针对第三方的建设性伙伴关系，倡导互信、互利、平等、协作的新安全观，践行“上海精神”。在 2018 年博鳌亚洲论坛年会开幕式等多个重大主场外交场合，习近平主席均强调了中国和平发展的主张和意愿：“冷战思维、零和博弈愈发陈旧落伍”“只有坚持和平发展、携手合作，才能真正实现共

① 习近平：《积极树立亚洲安全观　共创安全合作新局面》，《人民日报》2014 - 5 - 22 第 2 版。

赢、多赢”。[①]

第二，切实促进共同发展，构建人类命运共同体。早在冷战时期，世界经济已进入复合相互依赖状态。冷战结束后，“世界是平的”，各国之间在政治、经济、安全、社会和生态等方面的相互依赖度进一步加深，世界各国是“一荣俱荣、一损俱损”的命运共同体。十八大以来，中国多次利用主场外交，切实促进共同发展，努力构建人类命运共同体。一是利用主场外交说明中国的发展给世界带来机遇。在 APEC 北京峰会上，习近平主席提纲挈领地指出中国发展带来的机遇：“未来 10 年中国对外投资将达 1.25 万亿美元。今后 5 年，中国进口商品累计将超过 10 万亿美元，出境旅游等人数将超过 5 亿人次”。二是通过主场外交阐释人类命运共同体的内涵和构建路径。习近平主席先后三次在重大主场外交中阐释人类命运共同体的内涵和构建路径：博鳌亚洲论坛 2015 年年会开幕式、首届中国共产党与世界政党高层对话会和亚洲文明对话大会开幕式。人类命运共同体理念正“得到越来越多人的支持和赞同”，正“从理念转化为行动”。[②] 三是通过举办主场外交落实和践行共同发展。“一带一路”是十八大以来中国为世界提供的最重要公共产品，为尽快使“一带一路”倡议全面落地，中国先后举办了两次国际合作高峰论坛，今后仍将继续举办。[③]

第三，推动国际秩序朝更加合理的方向发展，为人类做贡献。中国是现有国际政治经济秩序的受益者而非受害者。但不可否认的

---

① 习近平：《弘扬“上海精神” 构建命运共同体》，http：//baijiahao. baidu. com/s? id = 1602926456660223852&wfr = spider&for = pc.

② 习近平：《携手建设更加美好的世界》，《人民日报》2017 - 12 - 2 日第 2 版。

③ 习近平：共建创新包容的开放型世界经济，http：//www. mofcom. gov. cn/article/i/jyjl/m/201811/20181102803191. shtml.

是，现有国际秩序仍存在一些不合理的地方。中国将与其他国家一道，推动国际秩序朝更加合理的方向发展，为建构一个更加公平正义的世界做贡献。2017 年金砖国家领导人厦门会晤，习近平主席就开启金砖合作第二个“金色十年”提出四点建议，其中之一是“致力于推动国际秩序朝更加公正合理方向发展”，其核心内容是，以金砖五国为代表的新兴市场国家和发展中国家，要积极参与全球治理，要就事关国际和平与发展的问题共同发声，推动构建新型国际关系。①

四、建设开放亲和、充满希望活力的社会主义大国

改革开放以来，中国取得的巨大成就不但使国际社会对社会主义发展道路的怀疑不攻自破，而且更新了国际社会对社会主义的认识。习近平主席要求建设“对外更加开放、更加具有亲和力、充满希望、充满活力的社会主义大国形象”。在主场外交中，中国积极主动地构建对外更加开放亲和，充满希望和活力的社会主义大国形象。

第一，呼吁和倡导对外开放，展示更加开放、更加自信的社会主义大国形象。2008 年美国金融危机以来，部分西方国家开贸易保护主义的倒车，阻碍了世界经济发展。十八大以来，中国多次在主场外交中反对贸易保护主义，倡导对外开放。一是展示中国将更加开放的决心和信心。G20 杭州峰会是十八大以来中国举办的最重要

① 习近平:《深化金砖伙伴关系　开辟更加光明未来》,《人民日报》2017－9－5 第 3 版。

的主场外交。习近平主席在二十国集团工商峰会开幕式做的题为“中国发展新起点　全球增长新蓝图”的主旨演讲中指出，中国站在新的起点上，将同世界深度互动、向世界深度开放。2018 年是改革开放 40 周年，习近平主席在当年的博鳌亚洲论坛开幕式上，再次向国际社会介绍了今后在对外开放方面将要采取的重要措施。二是旗帜鲜明地反对贸易保护主义，坚持走更加开放的发展道路。在北京 APEC 工商领导人峰会开幕式演讲中，习近平主席指出，“开放带来进步，封闭导致落后”。因此，亚太各国“要携手打造开放型亚太经济格局”“让亚太的大门始终向全世界敞开”。[①] 此后，在 G20 杭州峰会、两届“一带一路”国际合作高峰论坛、金砖国家领导人厦门会晤、上合组织青岛峰会等重大主场外交中，中国均旗帜鲜明地反对贸易保护主义，呼吁和倡导对外开放。三是用实际行动向世界展示中国对外开放的决心。2018 年，中国利用纪念改革开放 40 周年的时机，举办了迄今为止世界上第一个以进口为主题的国家级展会——中国国际进口博览会。这是中国“推动新一轮高水平对外开放做出的重大决策”，是中国主动用实际行动“向世界开放市场的重大举措”，说明“中国开放的大门不会关闭，只会越开越大”。习近平主席承诺，“中国国际进口博览会不仅要年年办下去，而且要办出水平、办出成效、越办越好”。[②]

第二，展示极具亲和力的社会主义大国形象。中国并没有因实力迅速增强而霸凌发展中国家和周边国家，而是展示和塑造了更具亲和力的国家形象。一方面，中国充分利用主场外交优势，升级或

① 习近平：《谋求持久发展　共筑亚太梦想》，《人民日报》2014 年 11 月 10 日。

② 习近平：共建创新包容的开放型世界经济，http：//www. mofcom. gov. cn/article/i/jyjl/m/201811/20181102803191. shtml.

创造了一些对话机制。在 G20 杭州峰会和厦门金砖国家会晤中，分别尝试了“G20 + 发展中国家”和“金砖 + 发展中国家”的对话模式，升华了原有机制。此外，中国还创办了“一带一路”国际合作高峰论坛、中国国际进口博览会和中国共产党与世界政党高层对话会等对话机制。[①] 另一方面，中国用更加国际化、更具亲和力的语言提出一系列重要外交理念。在北京 APEC 峰会上，习近平主席提出亚太梦。在博鳌亚洲论坛 2015 年年会主旨演讲中，习近平主席首次系统阐述了命运共同体的内涵。此后，习近平在中国共产党与世界政党对话大会和亚洲文明对话大会开幕式上再次详细阐述命运共同体的内涵。此外，中国还在上海亚信会议上介绍了“亲、诚、惠、容”的周边外交理念。

第三，展示充满希望、充满活力的社会主义大国形象。十八大后，中国经济发展进入新常态。国际社会对中国的发展有所质疑。习近平主席多次利用主场外交的契机，向其他国家介绍中国的发展态势。一方面，用数据向国际社会表明中国经济发展仍然充满活力。在博鳌亚洲论坛 2015 年年会上的主旨演讲中，习近平主席用几组核心数据扼要介绍 2014 年中国经济的发展状况：经济增长 7.4%，劳动生产率提高了 7%，单位国内生产总值能耗下降了 4.8%。另一方面，习近平阐释中国经济发展的重要概念及中国发展的特殊性。在北京 APEC 工商领导人峰会开幕式上，习近平主席详细介绍了经济新常态的内涵以及中国经济的基本情况。“从高速增长转为中高速增长”“经济结构不断优化升级”“从要素驱动、投资驱动转向创新驱动”是经济新常态的三个特点。在 2015 年博鳌亚洲论坛主旨演讲

① 郭兵云、宋灵：《十八大以来中国主场外交透视》，《岭南学刊》，2019 年第 4 期。

中，习近平主席解释了“中国经济体量大、韧性好、潜力足、回旋空间大、政策工具多”等特殊性。[①]

在四种国家形象中，文明大国强调了中国发展的历史源泉，东方大国突出了中国发展的全面成就，负责任大国侧重于中国发展带来的国际机遇，社会主义大国表明了中国发展的前进方向。四种不同形象是中国形象的不同侧面，它们统一构成中国国家形象。其中，负责任大国和社会主义大国是国家形象的核心内容，也是十八大以来中国主场外交中的重点工作。尽管掌握当今国际社会话语权的西方国家由于各种原因仍然对中国存在偏见，但他们对十八大以来中国举办的一些重大主场外交进行了相对客观真实的报道，中国国家形象尤其是负责任大国和社会主义大国形象，越来越被国际社会所认可。

[参考文献]

习近平:《深化文明交流互鉴　共建亚洲命运共同体》，载《人民日报》2019－5－16第2版。

《APEC火了多少中国品牌：宋锦订单似雪片飞来》，http://finance.sina.com.cn/china/20141117/080320835543.shtml，上网日期：2019－9－13。

王新民、何韬：APEC领导人非正式会议反腐败成果综述，http://www.ccdi.gov.cn/special/ztzz/ztzzjxs_ztzz/201411/t20141127_32070.html，上网日期：2019－9－13。

《廉洁丝绸之路北京倡议》，载《中国纪检监察》2019年第

① 习近平:《迈向命运共同体　开创亚洲新未来》,《人民日报》,2015年3月29日。

9 期。

胡宗山:《新中国外交六十年：基本经验与未来转型》，载《社会主义研究》2009 年第 5 期。

习近平:《开放共创繁荣创新引领未来》，载《人民日报》2018 - 04 - 11 第3 版。

习近平:《中国发展新起点　全球增长新蓝图》，载《人民日报》2016 - 9 - 4 第3 版。

习近平:《共谋绿色生活，共建美丽家园》，载《人民日报》2019 - 4 - 29 第2 版。

习近平:《积极树立亚洲安全观　共创安全合作新局面》，载《人民日报》2014 - 5 - 22 第2 版。

习近平:《弘扬“上海精神”　构建命运共同体》，http: //baijiahao. baidu. com/s? id = 1602926456660223852&wfr = spider&for = pc，上网日期：2019 - 9 - 13。

习近平:《携手建设更加美好的世界》，载《人民日报》2017 - 12 - 2 日第2 版。

习近平：《共建创新包容的开放型世界经济》，http: //www. mofcom. gov. cn/article/i/jyjl/m/201811/20181102803191. shtml，上网日期：2019 - 9 - 13。

习近平:《深化金砖伙伴关系　开辟更加光明未来》，载《人民日报》2017 - 9 - 5 第3 版。

习近平:《谋求持久发展　共筑亚太梦想》，载《人民日报》2014 年 11 月 10 日。

习近平：《共建创新包容的开放型世界经济》，http: //www. mofcom. gov. cn/article/i/jyjl/m/201811/20181102803191. shtml，上网日期：

2019 -9 -13。

郭兵云、宋灵:《十八大以来中国主场外交透视》，载《岭南学刊》，2019 年第 4 期。

习近平:《迈向命运共同体　开创亚洲新未来》，载《人民日报》，2015 年 3 月 29 日。

近邻篇

印尼的基础设施建设及面临的挑战

余珍艳*

一、引言

基础设施资本存量提供的服务是经济生活的基础，是社会必不可少的基本服务。基础设施通常被定义为系统的、潜在的基础或基本框架。① 更具体地说，它被认为是一个国家或者地区的公共工程系统，或进行活动所需的资源，即本质上支持和促进人类活动的资源。在发达国家或地区的高度结构化的环境中，各种各样影响着我们日常生活的基础设施无处不在，从卫星到污水处理、监狱、港口、垃圾收集与处理、自助取款机（ATM）、互联网和灾害响应系统等。作为一种资产类别，基础设施通常分为：交通基础设施，如公路、铁路、机场等；受监管的基础设施，如水、电、煤气、通信等；社会基础设施，如学校、医院、科技、体育、文化等。同时，按其所在

---

* 作者简介：余珍艳，华中师范大学政治与国际关系学院2016级博士。

① Annalisa Meyboom, "Infrastructure as practice", *Journal of Architectural Education*, Vol. 62, No. 4, 2009, p. 72.

地域，可以将基础设施分为农村基础设施和城市基础设施。另外，很多基础设施投资者通过回报的性质来定义基础设施，如稳定的、可预测的、长期的和低风险的等。[①] 而由于基础设施建设的成本高、周期长，且潜在风险大，其投资主体多为政府。

经济学家很少关注基础设施在理论或实证研究中的作用，直至20世纪80年代末期，[②] 由于阿章纳（David. A. Aschauer）发表了一系列相关文章，人们对这一问题的兴趣开始大幅增加，阿章纳认为美国生产力增长放缓的原因是对基础设施的投资下降。[③] 随着对基础设施问题研究的增多，一国基础设施发展状况与其经济增长之间的关系也受到越来越多的关注。包格斯（Spiros Bougheas），德莫特里亚德斯（Panicos O. Demetriades）和曼穆尼斯（Theofanis P. Mamuneas）强调了基础设施积累对一国尤其是贫困国家发展的重要性。[④] 艾斯塔切（Estache）和费伊（Fay）发现，在过去的二十多年里，有丰富的实证证据表明基础设施对经济增长的影响，特别是对一些较低发展水平的国家或地区。[⑤] 世界银行对交通运输和电信基础设施的研究表明，基础设施与各国经济增长率之间存在一种倒U型关系，而大多

---

① Morag Torrance, "The rise of a global infrastructure market through relational investing", *Economic Geography*, Vol. 85, No. 1, 2009, p. 81.

② Edward M. Gramlich, "Infrastructure investment: a review essay", *Journal of Economic Literature*, Vol. 32, No. 3, 1994, pp. 1176 – 1196.

③ Aschauer, David A, "Is public expenditure productive?", *Journzal of Monetary Economics*23, 1989, pp. 177 – 200; "Public investment and productivity growth in the group of seven", *Economic Perspectives*13, 1989, pp. 17 – 25; "Does public capital crowd out private capital?", *Journal of Monwetary Econoinics* 24, 1989, pp. 171 – 188.

④ Spiros Bougheas, Panicos O. Demetriades and Theofains P. Mamuneas, "Infrastructure, specialization, and economic growth", *The Canadian Journal of Economics/Revue canadienne d'Economique*, Vol. 33, No. 2, 2000, p. 520.

⑤ Antonio Estache and Marianne Fay, "Current Debates on Infrastructure Policy", *World Bank Policy ResearchWorking Paper*, No. 4410, November 2007, p. 6.

数国家处于向上倾斜的曲线段。[①] 孙早等通过对中国大陆 1985 - 2012 年的数据检验发现，基础设施投资与经济增长之间的长期关系中存在“拐点值”，超过“拐点值”后，基础设施投资对经济增长的贡献则呈现出明显递减的趋势。[②] 同时，也有一些学者认为经济增长与基础设施投资之间没有明显的相关性，有些学者甚至持基础设施投资阻碍经济增长的观点。总的来说，基础设施建设和经济增长之间的关系十分密切而复杂，两者之间直接相关，而且经济增长水平的提高也对基础设施的建设提出更高的要求。

作为世界上最大的群岛国家，印尼对基础设施的需求很大。1997 年的亚洲金融危机使印尼的经济发展遭受严重打击，基础设施建设几乎处于停滞状态，而 2004 年底发生的印尼大海啸对基础设施的破坏更是“雪上加霜”，长期滞后的基础设施已成为印尼经济增长的最大障碍。根据世界银行的估计，自 2004 年以来，交通阻塞和电力停电导致印尼每年经济增长率减少 1%。[③] 近几年，印尼 GDP 的增长速度一直保持在 5% 左右，较快的经济增长速度也使印尼对本国的基础设施建设提出更高的要求。然而，基础设施无法改善，印尼经济很难实现可持续增长。本文主要分析了印尼基础设施建设的现状及面临的挑战，尤其是在苏西洛政府和佐科政府时期，印尼对基础设施的重视程度越来越高，但仍有一些挑战是其短时间内很难克服的。

---

① Spiros Bougheas, Panicos O. Demetriades and Theofains P. Mamuneas, “Infrastructure, specialization, and economic growth”, *The Canadian Journal of Economics/Revue canadienne d'Economique*, Vol. 33, No. 2, 2000, p. 520.

② 孙早等:《基础设施投资对经济增长的贡献：存在拐点吗——来自中国的经验证据》,《财经科学》, 2014 年第 6 期，第 75 - 84 页。

③ Hurst, Georgina, “Can Indonesia's Joko Widodo deliver on his Infrastructure promises?”, Institutional Investor, 1 Jun., 2015, https://search.proquest.com/docview/1693585912? accountid = 11523.

二、印尼的基础设施建设

在经历了 1997 年的金融危机之后，面临财政困难的印尼减少了对基础设施的支出，基础设施发展受到严重影响。2004 年，苏西洛就任印尼总统时，印尼的基础设施状态在该地区是最糟糕的。在其两届总统任职期间（2004—2014 年），苏西洛在印尼复杂的民主环境中实现了对政治和经济稳定的恢复与保持。同时，为摆脱基础设施建设的僵局，苏西洛做出很多努力。佐科延续了苏西洛对基础设施建设的重视，自 2014 年 10 月宣誓就职以来，制定了一系列雄心勃勃的基础设施建设计划。两届政府对于基础设施重视的不同之处在于基础设施的类型，苏西洛政府优先发展陆地连通（主要是道路），而佐科政府则更加重视海上的互联互通。

（一）亚洲金融危机前后印尼的基础设施建设

在 1997 年亚洲金融危机前的三十年里，苏哈托政府对基础设施进行了大量投资，基础设施在推动该国经济增长和减贫方面发挥了关键作用。1994 年 4 月，印尼开始了其第二个“二十五年发展计划”，而该计划的重点便是发展如电信、公共交通及能源等方面的基础设施，并开放对收费公路、交通基础设施和自来水供应方面的投资。1995—1996 年，印尼的基础设施对 GDP 的贡献率为 8%，[①] 且 1996 年印尼在基础设施发展上超过泰国、中国和斯里兰卡。

① 《印度尼西亚铁路的主要建设工程》，《中国铁路》，2015 年第 7 期，第 101 页。

1997 年的金融危机不仅摧毁了新秩序政权（1966 - 1998 年）取得的大部分发展成果，而且将政权强大的领导者苏哈托经营了 32 年的专制统治权力推翻，其中最明显的则是对印尼基础设施发展产生了极为不利的影响。《2001—2002 年全球竞争力报告》印证了印尼在金融危机后政治不确定性导致的总体基础设施质量方面的急剧下滑。据报告显示，对于大多数基础设施指标，印尼的竞争力在邻国中排名接近底部。[①] 而在 2002 年，泰国、中国和斯里兰卡在基础设施建设上都超过印尼。

金融危机的影响可以从印尼政府发展支出的收缩中看出。1994 年，印尼政府花费近 140 亿美元用于发展，其中 57% 用于基础设施；而到了 2002 年，印尼政府的发展支出骤减至不足 50 亿美元，且仅有 30% 用于基础设施建设。[②] 同时，金融危机还导致很多计划中的私人和公共基础设施项目暂停或取消。由于卢比暴跌，从 1 美元兑 2500 卢比下降到 10000 卢比，活跃的私人项目的财务可行性减少。根据 2004 年世界银行的报告，印尼基础设施的公共投资从 1996 年的 92 亿美元下降到 2001 年的 22 亿美元，私人投资则从 67 亿美元下降到约 8 亿美元。[③]

总的来说，1997 年金融危机后，印尼遭受长期的基础设施赤字，这对其经济增长产生了不利影响。金融危机之后的十年里，印尼的

① World Economic Forum, The Global Competitiveness Index 2001 - 2002, 2002, p. 34.

② Negara, Siwage Dharma, "Indonesia's infrastructure development under the Jokowi administration", *Southeast Asian Affairs*, 2016, pp147 - 148, http://search.proquest.com/docview/1787062710? accountid = 11523.

③ Negara, Siwage Dharma, "Indonesia's infrastructure development under the Jokowi administration", *Southeast Asian Affairs*, 2016, pp147 - 148, http://search.proquest.com/docview/1787062710? accountid = 11523.

基础设施支出从占 GDP 的 8% 降至仅有 2%。[①] 而一些估计表明，为了使印尼的经济增长率达到 7% 甚至更高，至少需要 GDP 的 5% 用于基础设施。[②]

（二）苏西洛政府时期印尼的基础设施建设

苏西洛接手的是一个经济上刚刚从 1997 年金融危机中恢复过来的印尼，其政府设法巩固国家的经济和政治稳定。由于健全的宏观经济和金融政策，印尼抵御住 2008 年的全球金融危机。同时，苏西洛政府还优先考虑对基础设施进行投资以支持经济增长，为基础设施建设做出很多努力，这些都为佐科政府加快基础设施发展奠定了基础。

1. 苏西洛第一任期内的基础设施建设

在苏西洛的第一任期内（2004—2009 年），印尼举办了一些基础设施峰会吸引国内外投资者，同时逐渐放开其基础设施部门以吸引私营部门参与，主要集中于电力、收费公路、铁路和海港。2005 年 1 月 17 日，印尼在雅加达举行了第一次基础设施峰会，有国内外 500 多名投资者参加，参与价值 220 亿美元的 91 项基础设施工程和个别项目。[③] 2006 年，印尼又一次主办基础设施峰会，这次为期三天的峰会吸引了超过 1000 人参加，其中 350 人为主要外国公司和投

---

① Deutsch, Anthony, "Indonesia opens to infrastructure spending", FT. com, 16 December, 2001, https://search.proquest.com/docview/911717842?accountid=11523.

② World Bank, Indonesia Averting an Infrastructure Crisis, p. 11.

③ Jamie S. Davidson, Indonesia's Changing Political Economy: Governing the Roads, Cambridge University Press, 2015, p. 1.

资公司的代表。[①] 然而，苏西洛政府举办的峰会并未成功吸引私人投资者参与其提供的各种基础设施项目，其中一个因素便是印尼国内不利的投资环境。

2. 苏西洛第二任期内的基础设施建设

在第二次竞选胜利演讲中，苏西洛强调其第二任期的优先事项为“基础设施、基础设施和基础设施”。[②] 苏西洛所指的基础设施，不仅是印尼迫切需要的“硬基础设施”，即发电站、道路、港口和铁路，而且包括“软基础设施和社会基础设施”。为了提高投资者对政府承诺的信心，2011 年苏西洛政府颁布了《2011—2025 年印尼经济发展中长期规划》（以下简称总体规划），制定了苏门答腊、爪哇、加里曼丹、苏拉威西、巴厘—努沙登加拉、巴布亚—马鲁古等六大经济走廊宏观发展战略，并确定了 396 项基础设施建设项目。根据总体规划，印尼政府鼓励私营部门通过公私合营模式（PPPS）参与基础设施的投资，并提供了价值约 470 亿美元的 90 个公私合伙制（PPP）项目。然而，由于缺乏实施这些项目的融资和机构能力，至 2014 年仅有三个项目动工。

为了支持 PPP 项目的实施，印尼政府通过了 No. 13/2010 号总统令，随后又通过 No. 56/2011 号总统令对其进行修订。印尼政府还建立了 PPP 相关机构，包括隶属于国家开发规划厅（BAPPENAS）的 PPP 推进局、财务省（MOF）下属的风险管理部门（RMU）、政府合同机构（GCA）、投资调整厅（BKPM）及印尼投资厅（PIP）等。

---

① “Indonesia Offers More Infrastructure Projects”, People’s Daily, 1 November, 2006, http://en.people.cn/200611/01/eng20061101_317250.html.

② Aglionby, John, “Archipelago asserts its economic clout”, Financial Times, 10 September, 2009, https://search.proquest.com/docview/250233787?accountid=11523.

此外，政府还设立了 PT. SMI（PT Sarana Multi Infrastruktur）和 PT 印尼基础设施融资（PT Indonesia Infrastructure Finance，PT. IIF）等两个基础设施金融机构以及印尼基础设施担保基金（Indonesia Infrastructure Guarantee Fund，IIGF）。PT. SMI 是基础设施融资公司，作为国有企业，由财务省出全资，提供面向中小 PPP 项目的投融资服务和咨询服务。PT. IIF 是一家非银行金融机构，效仿印度的基础设施发展金融公司（IDFC），由印尼政府、亚洲开发银行、国际金融公司等提供资助，通过固定利率提供 10—15 年的贷款来填补基础设施长期融资的巨大缺口。[①] IIGF 是一家国有企业，为 PPP 的基础设施项目提供政府合同义务的担保，如同保险公司。IIGF 反对政府不提供商定的收费率或不及时提供土地，如果政府违约，IIGF 将采取行动并支付商定的补偿。

此外，为了管控不断增加的土地收购成本的潜在风险，印尼政府成立了一个土地周转基金，该基金为收费公路投资者提供桥梁贷款以购买土地，并承担土地征收费用增加到一定水平以上的风险。同时，为了加快征地进程，2011 年 12 月印尼国会通过了《印度尼西亚土地征用条例法案（基于公益性建设）》。该项法案被认为是一个重要的法律突破，旨在解决缓慢的土地征用过程问题，大幅加快土地收购过程。

总的来说，在 2011—2014 年间，印尼约花费 730 亿美元用于 383 个基础设施项目。在苏西洛总统任期结束之前，印尼国内基础设施取得一些进展。据 2014—2015 年全球竞争力指数显示，印尼的基础设施和连通性继续得到改善，且由于 21 项指标中有 18 项指标得

---

① Tang, Pamela, "Indonesia aims to boost infrastructure investments", Asianmoney, May 2010, https://search.proquest.com/docview/356853245? accountid = 11523.

到改善，印尼在 2011—2014 年全球竞争力指数排名中上升了 20 位。[①] 在整体基础设施的质量方面，印尼在苏西洛政府期间超越了泰国。但是，港口、道路、机场及供电等方面的基础设施仍然落后于邻国。同时，在 2011 年 12 月和 2012 年 1 月，惠誉和穆迪两大国际评级机构分别将印尼的主权信用评级提升至投资级，[②] 一定程度上增加了印尼作为投资目的地的吸引力。

3. 问题与不足

整体而言，基础设施是苏西洛执政十年来表现不佳的一个主要领域。尽管苏西洛政府为吸引投资者做出各种努力，却几乎没有取得什么重大成就，最重要的是未能改善对吸引投资者而言至关重要的投资环境。基础设施项目的实施经常拖延，例如苏西洛政府承诺在 2014 年之前建设 20000 千米的收费公路，在其第一任期只建成 125 千米，第二任期也没有实现该目标。就土地征用来说，2012 年 8 月 7 日的总统条例为 2011 年的土地征用法案提供了更多程序细节，其中一条便是该法案不适用于至 2015 年的基础设施项目，[③] 但其中的土地征收谈判已经在进行，其进展受到影响。此外，对于基础设施建设的融资，PT. SMI、PT. IIF 以及 IIGF 的资金并不足够支持需要庞大投资金额的基础设施项目的发展。

---

① Negara, Siwage Dharma, "Indonesia's infrastructure development under the Jokowi administration", *Southeast Asian Affairs*, 2016, pp. 149 – 150, http://search. proquest. com/docview/1787062710? accountid = 11523.

② 《惠誉上调印尼投资信用评级》，中国经济网，2011 年 12 月 21 日，http://intl. ce. cn/sjjj/qy/201112/21/t20111221_22936572. shtml；《穆迪上调印尼主权信用评级》，新华网，2012 年 1 月 18 日，http://news. xinhuanet. com/2012 – 01/18/c_111449469. htm。

③ "Indonesia: new land regulation to hit infrastructure", OxResearch Daily Brief Service, 31 August, 2012, https://search. proquest. com/docview/1037305550? accountid = 11523.

（三）佐科政府时期印尼的基础设施建设

自2014年10月就任总统以来，佐科便将基础设施建设置为印尼的最优先课题。执政以来，佐科政府制定了一系列基础设施建设计划。同时，为顺利实施这些计划，印尼政府也进行了很多改革。

1. 佐科政府的基础设施建设计划

佐科建设基础设施的愿景具体体现为由印尼国家开发规划厅制定的《2015—2019年中期建设发展规划》（RPJMN）。该规划是一个技术层面文件，为中央政府、地方政府和其他利益相关者提供战略发展方针。根据该规划，佐科总统承诺五年内建设5000千米铁路、2600千米公路、1000千米的收费公路、49座大坝、24个海港及总容量为35000兆瓦的发电厂，并努力将基础设施支出从占GDP的2.5%提高到4%。对于2011年苏西洛政府制定的总体规划，佐科政府表示将继续实施，落实其优先项目，这与佐科政府制定的经济发展规划是相符的。自2015年以来，佐科政府的基础设施优先项目已经到位，大多数资金投资于海运项目，尤其是港口，其他优先项目主要是交通基础设施、公共事业等。

首先，佐科政府十分重视建设海上基础设施，注重海上连通性。早在总统竞选中，佐科就强调海洋议题。在就职演说中，佐科提出要恢复印尼为一个海洋大国，指出印尼已经忽视海洋太久了，作为一个群岛国家，印尼应将其丰富的海洋资源转变为经济实力。2014年11月，在东亚峰会上，佐科提出将印尼打造为“全球海洋支点”，并阐述了这一战略包含的五点内容：第一，重塑印尼的海洋文化；第二，保护和管理海洋资源；第三，优先发展海洋基础设施和互联互通；第四，开展海洋外交；第五，加强印尼的国防力量。[①] 进行海上基础设施建设是印尼“全球海洋支点”的一项重要任务和优先方向。印尼的海洋高速公路计划涵盖内容广泛，包括建设24个海港、1481个非商业港口、12个船坞和造船厂、83个中型商业港口等。[②] 2015年11月，海上高速公路正式启动，三条海上客运航线启动。

其次，佐科政府也计划将更多的投资用于公路和铁路基础设施，以改善整个印尼的分配网络。佐科政府计划继续建设2700千米的新公路和1000千米的新收费公路，这些其实并不是新的计划，在苏西洛政府时期就已经启动了，而佐科政府主要是加速这些项目的执行。对公路的投资将会改善许多农业和制造业产品的分销网络，从而降低经济中令人咋舌的高物流成本。除了对公路的投资外，印尼政府还计划在爪哇岛外建设一条3258千米的铁路网，[③] 包括横穿巴布亚（Papua）连接索龙（Sorong）和查亚普拉（Jayapura）的595千米的铁路。

最后，确保国家对电力等能源供应是五年发展议程中十分重要的优先事项。随着电力需求持续超过供应，据估计，爪哇岛和巴厘岛的高增长地区将很快面临电力危机。考虑到未来的能源需求，印尼政府已计划五年内建设总容量为35000兆瓦的发电厂，否则，国家将遭受电力短缺。频繁的停电势必会成为影响工业发展的瓶颈，并对印尼的投资环境造成不利影响。

---

① Aaron L. Connelly, “Sovereignty and the sea: president Joko Widodo's foreign policy challenges”, Contemporary Southeast Asia, Vol. 37, No. 1, 2015, p. 7.

② 吴崇伯：《印尼新总统佐科的海洋强国梦及其海洋经济发展战略试析》，《南洋问题研究》，2015年第4期，第12页。

③ Amirullah, “Pemerintah Bangun 3.258 Kilometer Rel Kereta di Luar Jawa”, Tempo, 9 March, 2015, http://bisnis.tempo.co/read/news/2015/03/09/090648422/pemerintahbangun-3-258-kilometer-rel-kereta-di-luar-jawa.

此外，佐科表示将在3—5年内实现粮食的自给自足。基于此，政府将增加对基础设施和服务的投资，以支持农业的发展。根据印尼的五年发展议程，政府计划建造49座大坝，开发9万平方千米的农业用地，同时通过“农村基金”增加农村基础设施的开发支出。

2. 佐科政府推进的改革

为了顺利实施五年发展议程，改善印尼国内的投资环境，吸引国内外资金以弥补基础设施建设的巨大融资缺口，印尼政府推行了一系列改革。

（1）行政措施

为了缓解行业限制，印尼的投资协调委员会成立了一站式综合服务单位。在该单位中，投资者可以获得来自22个部门的超过134个许可证。对于承诺至少投资740万美元或者雇佣超过1000名工人的投资者，印尼政府打算为其签发快速通行证。① 同时，印尼政府还直接干预延期甚至停滞的基础设施项目，许多项目通过干预被重新带回轨道。例如，在2015年8月，佐科出席了在中爪哇省巴塘（Batang）拖延已久的2000兆瓦燃煤电厂项目的开工仪式，② 该电厂最初计划于2011年开工，但因土地问题而长期延迟。此外，印尼也从过去的经验中汲取教训，及时审批重大基础设施项目，这不仅使项目的按时完成更有可能，也会对整体经济产生连锁影响。

---

① “Indonesia：reforms slightly boost infrastructure plan”，OxResearch Daily Brief Service，26 February，2016，https：//search. proquest. com/docview/1768188593？accountid = 11523.

② “Jokowi Kicks Off Construction of ＄4b Batang Power Plant”，Jakarta Globe，28 August，2015，http：//indonesianewsstand. com/news/read/149736/Jokowi – Kicks – OffConstruction – of – 4b – Batang – Power – Plant.

（2）融资系统

根据印尼2015—2019年的经济建设规划，基础设施的建设需要约5500万亿盾，而政府的财政预算仅能满足大约36%。[①] 为筹措巨额的基础设施建设资金，印尼努力增加融资来源的多样性。

同苏西洛政府一样，佐科政府也十分重视利用PT. IIF和PPPS对基础设施项目进行融资。同时，印尼正在着手建立该国第一家基础设施银行，该银行由PT. SMI和政府投资中心合并而成，旨在为重大基础设施项目提供长期融资服务，因为对基础设施项目的投资大多需要多年才能盈利，如收费公路需要12—15年甚至更长时间，这就使得这些项目对私人投资者不具有吸引力。另外，作为印尼基础设施项目的主要贷款银行，世界银行已承诺直至2019年为印尼提供120亿美元的贷款，亚洲开发银行也承诺了15亿美元的贷款。印尼于2014年11月25日成为亚洲基础设施投资银行（以下简称亚投行）的第22个意向创始国，随着拥有1000亿美元法定资本的亚投行正式投入运作，印尼积极准备向亚投行申请贷款。而在亚投行的首批贷款中，印尼获得约2.2亿美元的贷款，占首批贷款总额的43%，[②] 在一定程度上弥补了基础设施建设资金的短板。

（3）监管变化

除了采取行政措施、推进融资外，为改善印尼国内的投资环境，印尼还简化了其监管条例。

首先，2015年3月，佐科政府修订了苏西洛政府时期制定的征地法案，制定了关于土地征用权的规定，以及对被认为符合公共利

① 加快基础设施建设计划未得到足够资金支持，印度尼西亚商报，2016年6月10日，http://www.shangbaoindonesia.com/?p=155358。

② 携手迈向亚投行光明未来，中华人民共和国驻印度尼西亚共和国大使馆，2016年7月4日，http://www.fmprc.gov.cn/ce/ceindo/chn/yncz/t1377325.htm。

益的基础设施项目的补偿和强制购买。这些修订允许私人参与者获得土地，并为自身获得政府批准的基础设施项目提供资金。

其次，佐科政府对苏西洛政府在2005年发布的关于PPP的法规进行了修订，以促进私营部门对基础设施项目的参与。2005年的法规限定PPP仅能参与诸如公路建设、电力以及用水等基本的基础设施项目，而在新的法规下，PPP参与的范围更广，从健康和教育基础设施到旅游项目，都可以实现政府与私营部门的合作。以前，大多数基础设施项目需要总统批准；而现在，部长、政府部门首长、总督、区长和市长都可以批准基础设施项目，实现了权力的下放。2005年法规并没有清楚表明私营部门是否可以启动基础设施项目，而根据新规定，政府要求私营部门可以启动已经制定的非邀约基础设施项目，只要该私营部门能够从技术上融入相关基础设施部门的总体规划，并能够为项目提供资金。[①] 此外，在新法规之下，印尼政府被授权可以通过“可行性差距基金”来弥补基础设施项目的资金缺口。例如，政府可以偿还开发商在征用土地过程中产生的费用，同时如果某些基础设施项目按时完成，还可以通过“可用性支付”对开发商进行奖励。

总的来说，佐科就职以来，制定的一系列基础设施建设议程及所进行的改革，确实使印尼的基础设施事业有所发展，印尼国内的投资环境也得到一些改善。同苏西洛政府时期相比，通过削减燃料补贴，佐科政府获得更多的资金，进而对基础设施建设的公共支出有了大幅提升，且与中国、日本、美国、俄罗斯等国家开展的基础设施合作项目也大为增加，融资渠道的多样化也使印尼获得更多的

① “Indonesia: Jokowi's infrastructure plan is unrealistic”, Ox Research Daily Brief Service, 13 April, 2015, https://search.proquest.com/docview/1672632371? accountid=11523.

国内外资金，一些重点基础设施项目得以逐步启动。根据世界银行发布的《2015 年全球营商环境报告》，印尼的营商便利度在 189 个国家中排名第 114 位，国内投资环境表现不佳，2016 年排名为 109 位，2017 年排名为第 91 位。① 显而易见，在佐科政府一系列旨在改善投资环境的改革措施下，印尼的营商环境确实有了改善。然而，就印尼基础设施的当前和未来发展来说，其仍面临一系列挑战，这些挑战不是仅靠政府临时或短暂的改革就能克服的。

三、印尼基础设施建设面临的挑战

印尼的基础设施建设在当前佐科政府时期及未来仍将面临诸多挑战，其中一些并不是新的挑战，而是在苏西洛政府甚至往届政府发展基础设施的过程中就已经存在，长期影响着印尼的基础设施发展。

（一）土地征用困难

土地征用仍然是印尼发展基础设施面临的最大障碍之一。自 1993 年以来，印尼政府颁布了关于征地的多项规定。然而，在土地征用过程中，对执行立法呈现出的无力和不情愿，使基础设施项目

① “Doing Business 2015 Going Beyond Efficiency”, World Bank Group, 29 October, 2014, http://www.doingbusiness.org/reports/global-reports/doing-business-2015;“Doing Business 2016 Measuring Regulatory Quality and Efficiency”, World Bank Group, 27 October, 2015, http://www.doingbusiness.org/reports/global-reports/doing-business-2016;“Doing Business 2017 Equal Opportunity for All”, World Bank Group, 25 October, 2016, http://www.doingbusiness.org/reports/global-reports/doing-business-2017.

的实施时间表具有不确定性，同时对基础设施项目的回报产生不利影响。如苏西洛政府在 2011 年制定的土地征用法案，由于 2012 年的总统条例，其对 2015 年之前的基础设施项目变得毫无意义，而 2015 年 3 月佐科政府修订的土地法案的影响力也是有限的，因为征地通常需要 500 天的时间，因修订而带来的潜在好处从 2017 年才开始显现，且其成效仍存在诸多不确定性。这些困难都在一定程度上阻碍了对基础设施项目，特别是公路、铁路、电力等需要征用土地的基础设施项目的投资。

此外，在征地的过程中，投机买卖行为对项目的财务可行性产生的影响也不可小觑，投机活动会导致土地价格比项目预计的售价高出很多。针对投机买卖行为，虽然政府制定了相关法规，但仍然不够；且处理投机活动的法规也没有得到充分执行，一定程度上是因为缺少执行法规的强烈意愿，而这正是促进土地价格争议迅速解决的必要条件。另外，空间规划的低效率也使得土地征用问题变得更加复杂。

（二）人力和机构能力有限

当前，印尼国内公共部门的人力和机构能力有限，无法为快速实施基础设施项目提供支持。一方面，表现为资本支出实现得较为缓慢。人力资源和机构能力的不足导致基础设施项目的资本支出经常推迟到当年的最后一个季度，这一做法可能会对项目质量产生不利影响。此外，如果人力和机构能力不足以支持这些项目的实施，那么中央政府将更多的公共资源转移到区域和农村地区的计划将不那么奏效。因此，伴随着基础设施项目资金的提供，地方政府、地方机构和当地人民的能力也需要增强。另一方面，有限的人力和机构能力也会导致基础设施项目准备不足，缺少“银行能接受的”（bankable）和“可投资的”（investable）项目。[①] 政府机构未能为拟议的 PPP 项目提供详细的设计、可行性研究及环境和社会影响的评估，进而阻碍了私营部门参与 PPP 项目。因此，在项目规划和准备、预算支付、采购和招标的过程中努力提高人力和机构能力，增加“银行能接受的”和“可投资的”基础设施项目十分有必要。

（三）资金短缺

资金是发展基础设施项目的一个重要条件。基于其本性，基础设施项目需要长期融资，最长可达 20 年、30 年甚至 40 年。因此，确保可持续的长期融资是多数基础设施项目顺利实施的关键。尽管政府仍希望保持其重要的融资地位，但面对巨大的融资需求，吸引私营部门的投资就变得十分重要。佐科政府严重依赖 PPPS 来进行融资和执行基础设施项目，因为政府自身仅能为其五年发展议程中的项目提供约 1/3 的资金，但目前印尼政府仍缺乏明确的 PPP 法规，这在一定程度上阻碍了私营部门融入基础设施发展的进程。

鉴于印尼国内商业银行无法为基础设施项目提供长期融资，因为其只愿意提供最多 7 年的贷款，这一时间范围与基础设施项目的融资需求是不匹配的。因此，通过发行全球债券或从国际银行获得长期贷款来丰富资金来源的多样性，就显得尤为重要。尽管亚投行的运行为印尼基础设施建设提供了十分具有吸引力的融资来源，但印尼必须认真寻求长期融资来源的最佳替代方案，找到组合各种多

① Asian Development Bank（ADB），International Labour Organization（ILO），and Islamic Development Bank（IDB），“Indonesia：Critical Constraints to Infrastructure Development”，Jakarta，July 2010，p. 34.

边融资来源的最佳途径。

（四）投资环境仍待改善

从苏西洛政府时期基础设施的建设状况来看，仅靠举办大型峰会和执行总体规划是不够的，更为重要的是，政府应该提供有利的营商环境，以吸引私人投资者的参与。当前，印尼政府仍在努力提供这样的环境，但精英利益主导的虚弱和分散的国家机构、低效的官僚机构、薄弱的法治和治理不善等相互联系的因素阻碍了更广泛的基础设施项目向私营部门的开放。[①] 就印尼目前的国家机构来说，高度的权力下放使机构之间的协调变得困难。权力下放和地方政府、立法委员会的自主权经常遭受指责，因为其使各种基础设施项目的实施变得复杂化。一些地方机构无法通过关于税收或者土地特许权的措施来为基础设施项目提供配套服务或设施，进而导致中央政府推出的很多项目停滞不前。因而，为营造更好的投资环境，印尼需要进一步调整中央政府与地方政府之间的利益，可以通过制定正确的法律和切实的激励政策，引导地方政府在显著的基础设施发展中发挥重要作用，[②] 而不是将地方政府视为毫无意义的国家政策执行者。

此外，官僚机构的低效率也是影响其投资环境的重要因素。有45个重叠和冲突的法规规范着PPP进程，私营企业参与基础设施项目建设平均需要获得40个不同的许可证，严重影响了PPP项目

---

① Jamie S. Davidson, "Indonesia's changing political economy", *Cambridge University Press*, 2015, p. 42.

② Jamie S. Davidson, "Indonesia's changing political economy", *Cambridge University Press*, 2015, p. 240.

进程。[①] 2015 年 1 月，印尼投资协调委员会为投资者提供了一个在线申请许可的平台，解决了过去不同部门或机构之间的协调问题。[②] 这仅仅是向前迈进了一小步，仍需要采取进一步措施来消除监管重叠并缩短商业应用时间线。

（五）基础设施地区发展不平衡

印尼的基础设施存在严重的地区发展不平衡问题。印尼的岛屿和省份之间的基础设施与基础设施服务的可用性之间存在巨大差异，在公路、铁路、饮用水、用电、电话普及率等方面都有很大差别。就交通基础设施来说，由于地理的分隔，再加上历史原因，印尼每个主要岛屿的交通系统都“自成一派”，“各派”在政策框架、技术标准、实施细则等方面均有较大不同。爪哇岛和苏门答腊岛作为印尼经济活动主体，交通基础设施基本能达到国际化标准；相比之下，苏拉威西岛和加里曼丹岛的很多地区连双向道路都没有。[③] 同时，岛际交通基础设施的正常发展也受到抑制，除民航和公路，印尼的铁路和水路均未建成全国性的交通网络，交通基础设施的落后严重妨碍了商品在群岛内外的流通，从德国进口盐比从印尼的许多沿海盐场更便宜，而大多数在印尼出售的大蒜是从中国进口的，因为高昂的运输成本已经驱使当地大蒜农民退出市场。在基础设施发展及服

① “Indonesia: Jokowi's infrastructure plan is unrealistic”, Ox Research Daily Brief Service, 13 April, 2015, https: //search. proquest. com/docview/1672632371? accountid = 11523.

② Linda Yulisman, “Easier Investment Permits to Woo Investors”, Jakarta Post, 27 January, 2015, http: //www. thejakartapost. com/news/2015/01/27/easier - investment - permits - woo - investors. html.

③ 《印尼基建亟待加大投资以激发巨大潜力》，中国经济网，2016 年 1 月 17 日，http: //intl. ce. cn/specials/zxgjzh/201601/17/t20160117_8327425. shtml。

务上的差距已经对投资模式和经济增长产生影响，因而在建设基础设施的过程中需要考虑地区平衡。同时，政府也需要认真评估并有效应对各种基础设施项目的社会和环境影响，实现基础设施的和谐、平衡发展。

四、结　论

苏西洛政府时期为发展基础设施而在法律、法规、机构和规划文件上做出的努力为佐科政府解决基础设施问题奠定了基础，佐科政府在此基础上对基础设施建设投入更多的精力和心血。五年发展议程中，在行政、融资及监管方面实施的改革，虽然可能只是临时和渐进的，但在基础设施建设上取得的进展确实是有目共睹的。面对诸多挑战，佐科政府仍需付出更多努力。佐科政府必须展示其执行土地征用法案的能力，以期在 2017 年显示其潜在的价值；政府必须在项目规划和准备、预算支付、采购和招标过程中认真提高人力和机构能力；在各种多边融资来源和国内融资来源之间找到适当的平衡，寻求最佳的长期融资渠道；同时，政府还必须提供有利于吸引私人投资者参与基础设施项目的营商环境；另外，保持基础设施发展的地区平衡也不可忽视。总的来说，佐科政府的五年基础设施发展议程充满雄心壮志，政府应付出相应的努力来消除基础设施发展中的障碍，但在当前政治环境下，对行政系统的根本改革是不可逾越的步骤。虽然这些改革的力度不够，但至少政府已经意识到迫切需要支持基础设施事业。如果佐科政府顺利实现其基础设施目标的一部分，并继续努力扫除障碍，印尼基础设施有望实现“跨越式发展"，并真正由世界第三大民主国家转变为经济强国。

［参考文献］

余珍艳:《印度尼西亚基础设施建设现状及"一带一路"倡议推进下中国与印度尼西亚合作的路径》，《东南亚纵横》，2017 年第 6 期。

Annalisa Meyboom, "Infrastructure as practice", Journal of Architectural Education, Vol. 62, No. 4, 2009, p. 72.

Morag Torrance, "The rise of a global infrastructure market through relational investing", Economic Geography, Vol. 85, No. 1, 2009, p. 81.

Edward M. Gramlich, "Infrastructure investment: a review essay", Journal of Economic Literature, Vol. 32, No. 3, 1994, pp. 1176 – 1196.

Aschauer, David A, "Is public expenditure productive?", Journzal of Monetary Economics23, 1989, pp. 177 – 200;

"Public investment and productivity growth in the group of seven", Economic Perspectives13, 1989, pp. 17 – 25;

"Does public capital crowd out private capital?", Journal of Monwetary Econoinics 24, 1989, pp. 171 – 188.

Spiros Bougheas, Panicos O. Demetriades and Theofains P. Mamuneas, "Infrastructure, specialization, and economic growth", The Canadian Journal of Economics/Revue canadienne d'Economique, Vol. 33, No. 2, 2000, p. 520.

Antonio Estache and Marianne Fay, "Current Debates on Infrastructure Policy", World Bank Policy Research, Working Paper, No. 4410, November 2007, p. 6.

Spiros Bougheas, Panicos O. Demetriades and Theofains P. Mamuneas, "Infrastructure, specialization, and economic growth", The Canadian Journal of Economics/Revue canadienne d'Economique, Vol. 33, No.2, 2000, p.520.

孙早等:《基础设施投资对经济增长的贡献: 存在拐点吗——来自中国的经验证据》,《财经科学》, 2014 年第 6 期, 第 75 - 84 页。

《印度尼西亚铁路的主要建设工程》,《中国铁路》, 2015 年第 7 期, 第 101 页。

Aglionby, John, "Archipelago asserts its economic clout", Financial Times, 10 September, 2009, https: //search. proquest. com/docview/250233787? accountid = 11523.

Tang, Pamela, "Indonesia aims to boost infrastructure investments", Asianmoney, May 2010, https: //search. proquest. com/docview/356853245? accountid = 11523.

《惠誉上调印尼投资信用评级》, 中国经济网, 2011 年 12 月 21 日, http: //intl. ce. cn/sjjj/qy/201112/21/t20111221_22936572. shtml;《穆迪上调印尼主权信用评级》, 新华网, 2012 年 1 月 18 日, http: //news. xinhuanet. com/2012 - 01/18/c_111449469. htm。

"Indonesia: new land regulation to hit infrastructure", Ox Research Daily Brief Service, 31 August, 2012, https: //search. proquest. com/docview/1037305550? accountid = 11523.

Aaron L. Connelly, "Sovereignty and the sea: president Joko Widodo's foreign policy challenges", Contemporary Southeast Asia, Vol. 37, No. 1, 2015, p. 7.

吴崇伯:《印尼新总统佐科的海洋强国梦及其海洋经济发展战略

试析》，《南洋问题研究》，2015 年第 4 期，第 12 页。

加快基础设施建设计划未得到足够资金支持，印度尼西亚商报，2016 年 6 月 10 日，http：//www. shangbaoindonesia. com/？ p = 155358。

携手迈向亚投行光明未来，中华人民共和国驻印度尼西亚共和国大使馆，2016 年 7 月 4 日，http：//www. fmprc. gov. cn/ce/ceindo/chn/yncz/t1377325. htm。

Asian Development Bank （ADB），International Labour Organization （ILO），and Islamic Development Bank （IDB），“Indonesia：Critical Constraints to Infrastructure Development”，Jakarta，July 2010，p. 34.

Jamie S. Davidson，“Indonesia's changing political economy”，Cambridge University Press，2015，p. 42.

“Indonesia：Jokowi's infrastructure plan is unrealistic”，OxResearch Daily Brief Service，13 April，2015，https：//search. proquest. com/docview/1672632371？ accountid = 11523.

Linda Yulisman，“Easier Investment Permits to Woo Investors”，Jakarta Post，27 January，2015，http：//www. thejakartapost. com/news/2015/01/27/easier – investment – permits – woo – investors. html.

《印尼基建亟待加大投资以激发巨大潜力》，中国经济网，2016 年 1 月 17 日，http：//intl. ce. cn/specials/zxgjzh/201601/17/t20160117_8327425. shtml。

经济数据库建设的现状与未来展望

曹帅英*

“一带一路”倡议提出以来，得到国际社会的广泛关注，共建“一带一路”的总体布局在短时间内得以完成。然而在取得重大成就的同时，“一带一路”的落地也面临许多困难和挑战，因而需要算好经济账，在推进项目合作的过程中实现精准施策①。正如习近平总书记所指出的，今后要聚焦重点、精雕细琢，共同绘制好精谨细腻的“工笔画”②。相对于“大写意”的总体布局，“工笔画”的绘制需要更多聚焦沿线国家的精细知识，从而给学界提出更高的研究要求。

在CNKI期刊数据库中，篇名包涵“一带一路”的文献在2015—2018年间分别达到3462、4403、8230和7742篇（截至2019年12月21日）。然而，海量的知识生产中不乏重复研究的结果，对于“一带一路”倡议，学界并未达成太多共识。与此同时，社会各界推出各种类型的“一带一路”数据库。通过在已有数据库的基础

* 作者简介：曹帅英，浙江大学传媒与国际文化学院博士研究生，华中师范大学“一带一路”研究中心研究人员。

① 胡宗山、聂锐：《“一带一路”倡议：成就、挑战与未来创新》，《社会主义研究》2019年第6期。

② 赵超：《坚持对话协商共建共享合作共赢交流互鉴 推动共建“一带一路”走深走实造福人民》，《人民日报》2018年8月28日，第1版。

上构建经济数据库，将为“一带一路”倡议的知识生产提供解决方案。

一、经济数据库建设的基本情况

“一带一路”沿线国家众多，不同国家的情况各有不同、特别复杂。为了应对复杂的地缘政治环境，《愿景与行动》文件提出了“不刻意追求一致性”的建设思路。而大数据时代的到来，为“一带一路”倡议的落地提供了宝贵机遇。“一带一路”倡议最终能否落实，很大程度上取决于决策高层和智库在大数据处理上所表现出来的强大竞争力①。庞大的数据量带来了数据管理的难题。“一带一路”数据库的建设，将为社会各界提供多种类型的数据来源，从而为“一带一路”的落地提供有力支撑。

首先是政府部门，推出了综合性的数据库。国家信息中心主办的“中国一带一路网”由国家推进“一带一路”建设工作领导小组办公室指导，成为“一带一路”数据库的龙头产品。“中国一带一路网”整合了大量的数据和案例资料，实时追踪“一带一路”倡议的最新落地情况。作为官网的子站，陕西省和浙江省也分别开通了“陕西一带一路网”和“浙江一带一路网”，并收录了两省份融入“一带一路”倡议的若干动态和资料。

其他政府部门依据各自的职能定位，也推出相应的数据库。如商务部建设的“走出去”公共服务平台，汇集了对外直接投资、境

① 陆钢：《大数据时代下“一带一路”决策系统的构建》，《当代世界》2015 年第 7 期。

外经贸合作等涉及“一带一路”倡议的诸多数据。生态环境部指导建设的生态环保大数据服务平台，汇集了沿线国家在环境保护领域的大量数据和实践案例。国务院发展研究中心则结合自身特色，建立了“一带一路研究与决策支撑平台”，不仅囊括了相关的新闻资料，而且收集了大量的研究论文。中国标准化研究院则推出“一带一路”共建国家标准信息平台，收录了不同国家的标准化数据和资料。

其次是新闻媒体主办的数据库，主要提供“一带一路”倡议的信息服务。新华社推出的新华丝路数据库作为“一带一路国家级信息服务平台”，设置了“国家”“分类”和“行业”等筛选条件，能够从中快速检索出不同种类的最新信息。电子工业出版社推出的“一带一路工业和信息化产业资源平台”，包含了“产业指数库”“特色成果库”及新闻资讯等部分。中国经济信息网推出的“一带一路统计数据库”则更加具有数据库的特色，收集了大量涉及“一带一路”沿线国家的数据。中国气象报社则推出“一带一路”气象服务，从中能够方便快捷地查询到沿线国家的天气状况。

学术出版机构依托自有资源，也推出相应的文献数据库。如社会科学文献出版社结合雄厚的文献资源，推出了“一带一路数据库”。“一带一路数据库”分为资讯库、理论库、国家库、省域库等8个子库，从而整合了不同领域的研究文献。与此同时，社会科学文献出版社还推出“列国志数据库”等国别国际问题研究咨询平台，能够与“一带一路数据库”形成协同效应。国内通用用法（EBSCO）公司则推出“一带一路资源中心”的产品服务，从而为“一带一路”研究提供多语种的选择。

最后则是科研机构，依托本单位的研究成果建设了相应的专题数据库。北京大学一带一路数据分析平台，即为该类数据库的代表性成果。与此同时，学术界也在建设政治安全风险数据库、国家语言文化禁忌多媒体数据库等多种专题数据库。整体而言，政府和新闻媒体主办的数据库更新频率较快，基本上没有出现“僵尸网站”的现象。受到资金、人才等因素的限制，学术数据库往往更新缓慢，且涉及的范围比较狭窄。

“一带一路”倡议提出以来，已经形成了丰富的数据库产品矩阵，从而为总体布局的实现创造了良好条件。但在“一带一路”落地走向精细化的过程中，已有的数据库或数据平台存在两个主要缺陷。其一，新闻资讯与统计信息孤立存在，“两张皮”的现象突出。“一带一路”数据库的主要需求方不是专业的研究人员，难以从已有数据库中快速获取知识。其二，不少数据库需要付费使用，影响了感兴趣人士的应用体验。已有数据库产生的社会影响较小，对于学界、产业界和政策界的作用不够显著，需要进一步改进。

二、由数据库到知识库的转型

“一带一路”数据库最为关键的缺陷在于忽视了数据、信息与知识的区别。信息是“成体系、有组织的数据”，而知识则是“可付诸行动的信息”①。知识具有依照特定情境而定的特征，显示出有关联的属性②。对于“一带一路”倡议的内容需求者而言，需要的不

① 贾夏帕拉:《知识管理：一种集成方法》，中国人民大学出版社2013年版，第16－18页。

② 竹内弘高、野中郁次郎:《知识创造的螺旋：知识管理理论与案例研究》，知识产权出版社2005年版，第47－48页。

是庞大的数据、孤立的信息，而是可付诸行动的“知识”。已有的“一带一路”数据库，只是将新闻资料、文献信息提供给读者，却没有生成相应的知识。在未来的“一带一路”研究中，需要实现由数据库到知识库的转型。

实现由“一带一路”数据库到知识库的转型，存在着若干需要解决的困难。其一，如何从大量的数据、信息中提取出有用的知识。“一带一路”倡议的研究文献浩如烟海，沿线国家更是数不胜数，从而给知识库的研发带来了困难。其二，如何将大量的新闻报道、文献资料整理为一条条的知识。编码过程需要大量国际关系、世界经济领域的专业人才，从而大大提高了知识库研发的成本。其三，如何组织知识结构，从而实现知识的可视化。“一带一路”倡议是一个复杂的系统工程，其所涉及的知识并没有一个清晰的逻辑结构，只有加以妥善整理，才能实现知识的可视化。

本文通过“旋转”野中郁次郎提出的 SECI 模型，提出一个初步的“一带一路”知识库研发思路。在 SECI 模型的知识螺旋中，新知识是通过隐性知识（Tacit Knowledge）与显性知识（Explicit Knowledge）的相互作用创造出来的，包括由隐性知识到隐性知识的社会化（Socialization）、由隐性知识到显性知识的外化（Externalization）、由显性知识到显性知识的组合化（Combination）和由显性知识到隐性知识的内化（Internalization）四个不同阶段①。由于“一带一路”知识库研发的对象是全社会而非单个组织，因而将 SECI 模型进行顺时针 90°的旋转，从而形成一个“内化—社会化—外化—组合化”的 ISEC 模型。具体而言，主要包括如下三个步骤。

---

① 野中郁次郎、竹内弘高：《创造知识的企业：日美企业持续创新的动力》，知识产权出版社 2006 年版，第 71－82 页。

第一，使用文献计量的方法，系统整理有关“一带一路”倡议的研究文献。国内与“一带一路”倡议相关的论文数量在2014年急剧上升后进入平稳阶段，在CSSCI期刊中每年总体保持在1000篇左右，且这一趋势将随着“一带一路”的推进而不断得到巩固[①]。对于知识的需求者而言，难以从浩如烟海的文献中迅速找到相对重要的信息。利用文献计量、知识图谱等情报学的分析工具，能够找到单一主题下的核心作者、主要单位和相对重要的参考文献，从而为知识的需求者提供方便。文献计量方法的应用，同时能够梳理出不同主题研究的发展脉络，从而为组织学习和知识管理的过程奠定基础。

第二，使用组织学习的方法，实现知识的内化和社会化过程。首先是显性知识向隐性知识的内化过程，通过利用文献计量的成果，研发者能够建立各自主题的隐性知识。其次是隐性知识间的社会化过程，通过相互沟通的方式，不同研发者能够获得与所在主题具有紧密联系的隐性知识。组织学习是组织成员的适应性行为，通过将个人的智慧集中在一起，能够改变组织的心智模式。“一带一路”知识库的研发需要采用集体攻关的模式，将负责不同主题的研究者聚集在一个“场”下，从而在反复迭代的过程中获取隐性知识。在保证知识结构大体一致的基础上，集体攻关模式也能够为隐性知识的差异留出空间。

第三，使用知识管理的方法，实现知识的外化和组合化过程。首先，将单个主题的隐性知识整理为相应的文字、图片甚至视频。其次，将各种显性知识加以组合，最终形成“一带一路”知识库。

① 刘光阳等:《国内“一带一路”研究综述——基于定量和图谱分析》,《云南社会科学》2017年第1期。

现有数据库往往直接以目录的形式存储知识，受到知识不断积累的影响，使用者难以迅速获取最需要的知识。使用思维导图的方法，能够更好地组织知识结构并实现可视化。对于“一带一路”倡议的每个主题，都能形成一幅思维导图。用户通过对知识树的“阅读”，能够快速了解不同主题的全景概貌。

三、共享经济时代下的经济数据库构建

从某种意义上，“一带一路”知识库可能以更加结构化的“维基百科”形式呈现，思维导图中层级最低的节点将表现为不同的百科条目。通过采用思维导图的工具，“一带一路”的知识结构能够很好地展示，从而完成“一带一路”知识库的研发工作。图 1 的设计只是一个初步的梗概形式，在对“一带一路”知识进行反复迭代的基础上，能够最终形成一幅根深叶茂的思维导图。通过加入更多的文献和数据，能够凝结更多的知识，进而形成一个全面系统的知识库。出现新的文献之后，可以添加在思维导图的各个节点和节点内的原始文献列表中，从而提高知识库的可维护性。

“一带一路”知识库的研发能够解决现有数据库的第一个缺陷，却可能加剧第二个缺陷即，知识库的研发需要海量的人力投入，从而推高了相应的研发成本。至少在短期内，人工智能方法的运用只能帮助研究者找出质量相对较高的文献，而无法完成全部的研发工作。在“一带一路”知识库的研发过程中，需要更多地调动“人”的作用，在共享经济发展的背景下创造出“一带一路”倡议的公共物品。学术共同体具有知识分享的天然属性，能够在“一带一路”

知识库的编制过程中发挥主导作用。“一带一路”知识库的形成，将缩小社会各界与学术共同体的知识鸿沟，从而更好地推动“一带一路”倡议早日落地。具体而言，本文提出如下两步编制思路。

第一步，国别和区域研究机构结合各自优势，完成思维导图的基本架构。“一带一路”倡议提出以来，大量的国别与区域研究（培育）基地得以建立。国别和区域研究机构能够聚集足够多的智力资源，从而实现隐性知识集聚的规模经济效应。不同研究机构能够利用自身优势，绘制不同主题的思维导图。在这一阶段，思维导图的绘制并不要求面面俱到，但需要形成一个清晰的整体架构。不同的学术机构可以通过“先行先试”的方式，完成“一带一路”知识库的预研工作，从而为知识库的整体研发提供参考。

第二步，向社会开放思维导图的研发权限，鼓励社会各界对知识库加以完善。在共享经济时代下，“维基模式”成为研发“一带一路”知识库的较佳选择。思维导图具有较强的延展性，通过简单的操作即可增加节点的内容，而不对其他节点造成影响。随着“一带一路”知识库的逐渐成熟，可向社会开放权限，从而起到知识“众筹”的效果。作为知识开源的一种尝试，可以采用如下两种运营模式：一是中心化的方法，类似百度百科的机制，由学术机构的中心节点对知识增量加以审核；二是去中心化的方法，通过融入区块链的技术，从而保证“一带一路”知识库的开放性。通过引入外部的创新主体，聚集各个利益攸关方的隐性知识和显性知识，使“一带一路”知识库更加完善。

［参考文献］

胡宗山、聂锐：《“一带一路”倡议：成就、挑战与未来创新》，

《社会主义研究》2019 年第 6 期。

赵超:《坚持对话协商共建共享合作共赢交流互鉴　推动共建“一带一路”走深走实造福人民》,《人民日报》2018 年 8 月 28 日,第 1 版。

陆钢:《大数据时代下“一带一路”决策系统的构建》,《当代世界》2015 年第 7 期。

贾夏帕拉:《知识管理:一种集成方法》,中国人民大学出版社,2013 年,第 16 – 18 页。

竹内弘高、野中郁次郎:《知识创造的螺旋:知识管理理论与案例研究》,知识产权出版社,2005 年,第 47 – 48 页。

野中郁次郎、竹内弘高:《创造知识的企业:日美企业持续创新的动力》,知识产权出版社,2006 年,第 71 – 82 页。

刘光阳等:《国内“一带一路”研究综述——基于定量和图谱分析》,《云南社会科学》2017 年第 1 期。

仇发华:《“一带一路”倡议与东北亚区域合作》,《中国周边外交学刊》2015 年第 2 辑。

[日] 新井洋史:《“一带一路”是东北亚区域合作的“逆风”吗?》,《俄罗斯学刊》2017 年第 1 期。

李文:《“一带一路”建设背景下的东北亚合作问题》,《东北亚学刊》2015 年第 4 期。

吴昊、李征:《东北亚地区在“一带一路”战略中的地位——应否从边缘区提升为重点合作区?》,《东北亚论坛》2016 年第 2 期。

石源华:《“一带一路”建设不能少了朝鲜》,《世界知识》2016 年第 19 期。

李婷婷:《“聪明制裁”之后联合国对朝制裁的经济效果评估》,

《现代国际关系》2019 年第 2 期。

王俊生:《美国特朗普政府视角下的对朝政策: 多元背景下的基本共识》,《东北亚论坛》2018 年第 4 期。

Gallagher, Mary E. " 'Reform and openness': why China's economic reforms have delayed democracy." World Politics 54.3 (2002): 338 -372.

3rd Plenary Meeting of 7th C. C., WPK Held in Presence of Kim Jong Un, https://www.globalsecurity.org/wmd/library/news/dprk/2018/dprk -180421 -kcna01.htm.

朴光姬、郭霞、李芳:《政治互疑条件下的东北亚区域能源合作路径——兼论"一带一路"倡议与东北亚区域能源合作》,《当代亚太》2018 年第 2 期。

Lee, Yong Suk. "International isolation and regional inequality: Evidence from sanctions on North Korea." Journal of Urban Economics 103 (2018): 34 -51.

印尼华侨华人对中国海外基础设施投资的认知

宋　灵*

“21 世纪海上丝绸之路”（以下简称“海丝”）是 2013 年中国国家主席习近平应邀对印尼进行国事访问期间首次提出的，印尼政府也积极回应对接倡议的实施，2015 年 3 月 28 日，新华社发表了国家发展改革委、外交部、商务部联合发布的《推动共建丝绸之路经济带和 21 世纪海上丝绸之路的愿景与行动》，其从 8 个方面为“一带一路”描绘了中国希望沿线各国能共谱“一带一路”新篇章，让沿线各国人民共享“一带一路”成果的美好愿景。2017 年 10 月，中国共产党第十九次全国代表大会将推进“一带一路”倡议写入党章以充分发挥“一带一路”在对外开放中的作用，并将它作为推动形成全面开放新格局的主要抓手以及全球治理的中国方案。①

* 作者简介：宋灵，华中师范大学 2015 级博士研究生，湖北经济学院讲师。

① 2012 年 11 月，党的十八大报告提出要倡导“人类命运共同体”意识，这是该理念首次载入中国共产党的重要文件。

一、中国海外基础设施投资在印尼的现状

首先，中印尼两国外交关系进入21世纪后发展良好，为“海丝”在印尼的对接提供了保障。2005年4月24日，中国国家主席胡锦涛应邀前往印尼，出席万隆会议召开50周年纪念活动，并对印尼进行国事访问，两国元首签署了关于建立战略伙伴关系的联合宣言，正式宣布建立战略伙伴关系。2011年4月，温家宝总理对印尼进行正式访问，双方签署20多项合作文件，并发表联合公报。2013年10月，中国国家主席习近平访问印尼，并出席亚太经合组织第二十一次领导人非正式会议。在访问期间，中国国家主席习近平与印尼总统苏西洛在雅加达发表《中印尼全面战略伙伴关系未来规划》，将两国关系推向一个新的高度。2015年3月，印尼总统佐科赴北京参加出席亚太经合组织会议，中印尼两国领导人一致同意加强全面战略伙伴关系。2016年1月21日，印尼乃至东南亚地区的首条高铁——印尼雅万高铁正式开工，这是“一带一路”倡议走进东南亚的首个标志性工程，这条高铁的建设合作是在中印尼两国领导人关心和指导下，以及双方建设团队的努力磋商中达成合作共识的。目前中印尼两国关系良好，合作前景广阔，中印尼双方将雅万高铁的建设视为中印尼务实合作的标志性项目，设计好、建设好、运营好这条架起两国人民友谊之桥的高铁，这样才能够实现互利共赢，促进两国的经济共同发展，增进两国人民的友好感情。中印尼合作建设雅万高铁，标志着双方的交流合作迈向新的更广阔的平台和天地。

其次，中印尼双边贸易全面发展，为“海丝”在印尼的对接提

供了经贸保障。随着中国—东盟自贸区的建成和中印尼建立战略伙伴关系，双方开展多领域合作；特别是在经贸方面全面发展，双边贸易投资额保持高速增长。中国与印尼的战略对接以海外经贸合作为重点突破口，以基础设施建设为核心，以能源合作为新的合作点来全方位促进中印尼战略对接。2007年，中国和印尼政府签署了《中印尼海洋领域合作谅解备忘录》，致力于拓宽贸易和投资领域的合作，共同维护海上交通线安全。中国是印尼最大的贸易进口国，2014年印尼对中国的出口占其出口总额的12%，2013年中国在印尼的外贸影响力排名中位列第一。中国与印尼在基础设施建设领域的合作已经有一定的进展，2013年，印尼已连续三年成为中国在东南亚的第一大工程承包市场，承建了印尼的泗马大桥、加蒂格迪大坝、风港电站等项目，大批居民的生活获得极大便利，为两国人民的友好交往打下了坚实的基础。2015年，中国企业又获得修建全长150公里的雅加达至万隆的高铁合同，截至2012年，中国累计对印尼非金融类投资超过22亿美元，主要集中在石油和天然气、矿产、家电和通信领域。[①] 截至2011年底，中海油在印尼约有9个投资合同，总投资额近56亿美元。[②] 中国企业在印尼的投资越来越多，在共同合作建设雅万高铁项目之前，投资项目主要涉及印尼亟须发展和具有资源优势的领域，如农业、渔业、林业等第一产业，机械、交通、矿产、能源等第二产业，以及金融、通信等第三产业，范围甚广。中国企业可充分利用印尼市场消费能力和发展前景，加强对印尼市场的开拓力度，扩大自主创新研发产品对印尼的出口，促进两国经

① 刘建超：《中印尼关系发展新的里程碑》，《人民日报》，2013年9月30日。

② 赵春珍：《中国与印尼能源关系：现状、挑战和发展策略》，《南洋问题研究》2012年第3期，第17－18页。

贸合作持续稳定快速发展。

最后，中印尼两国致力于推行人文交流合作来夯实民意基础，为“海丝”倡议在印尼的实施提供民意保障。中印尼两国在“一带一路”倡议提出后建立了首个副总理级人文交流机制，至2017年已经召开三次会议。两国在教育、科技、文化、卫生、体育等领域合作成果丰硕，设立交流专项奖学金、共建联合实验室、青年科学家互访交流、举办科技创新合作项目推介会等，为“海丝”在印尼的对接提供了文化、教育和旅游等重要方面的保障，为两国全面战略伙伴关系的发展奠定更加坚实的社会和民意基础。国之交在于民相亲，民相亲在于心相通，人文交流已与政治互信、经贸合作一道成为中印尼关系发展的三大支柱。2015年5月，中国国务院副总理刘延东访问印尼时主持召开了中印尼副总理级人文交流机制首次会议。2016年8月，印尼人类发展与文化统筹部长布安来华出席“第9届中国——东盟教育周暨第2届中国——东盟教育部长圆桌会议”，并与刘延东副总理共同主持中印尼副总理级人文交流机制第二次会议。2014年11月，中国驻印尼大使馆在印尼首都雅加达举办了“2014年中国电影周”活动，反响热烈。五洲传播出版社受中国国务院新闻办公室委托，在2016年和2017年分别出版了中文版和印尼语版的《我们和你们：中国和印度尼西亚的故事》来讲述中国和周边国家传统和现在的友谊与合作。中国与印尼在教育方面也积极交流。在2014年，印尼来华留学生人数达到13689人，位列全球来中华留学生生源人数第6名。2005年至2014年间，印尼来华留学生人数增加3倍，平均每年以14.08%的速度增长，[1] 中国目前约有17个大专

① 《教育部：2014年来华留学生近38万人韩国居首》，中新网，http://www.chinanews.com/edu/2015/03-18/7139916.shtml。（上网时间：2019年2月15日）

院校开设印尼语专业，设立6个印尼研究中心，成为两国人文交流的重要基地。中国与印尼还通过联合开展旅游活动促进民心相通。2013年中印尼两国签署了《中国——印尼旅游合作谅解备忘录》，中国赴印尼旅游人数逐年递增。据印尼中央统计局公布的数据显示，2014年赴印尼旅游的中国游客约95万人次，2016年约142.9万人次，同比增长13.96%，中国成为印尼第一大旅游客源地，2017年中国赴印尼旅游的中国内地游客人数为205.9万人次，占印尼国际游客总数的14.95%，中国已经连续两年成为印尼第一大国际游客来源地。①

二、印尼华侨华人认知研究的数据来源

印尼华侨华人是印尼经济发展的重要参与者，是中印尼两国经贸关系的重要桥梁和使者，也是“海丝”倡议与印尼“全球海洋支点”战略对接的重要力量。“海丝”倡议在与印尼“全球海洋支点”战略的对接使得两国在大型合作项目上取得不少成绩，两国在2015年签订的合建雅加达—万隆高铁项目是两国战略对接后的第一个重大项目。高铁项目的成功签订离不开印尼华侨华人的积极参与。有人以高铁项目的合作者或竞标者的身份参与，有人积极担任高铁建项目沟通的桥梁和使者，他们为中印尼两国战略对接积极奔走。

美国当代著名心理学家阿尔伯特·班杜拉认为在媒介形象的认

---

① 《中国跃升为印尼最大旅游客源地》，中华人民共和国国家旅游局官网，http://www.cnta.gov.cn/xxfb/jdxwnew2/201702/t20170217—815114.shtml。（上网时间：2019年2月15日）

知环节中，媒体通过其内容引导受众对世界进行认知示范，能够将广泛性知识快速高效地传送给广大受众。这解释了大众媒介对大多数受众产生认知影响的可能。语言是媒介的主要表现形式之一。是反映社会现状的一面镜子，印尼华文报纸历经沧桑，是印尼华侨华人了解印尼的重要途径之一。印尼主流华文报纸不仅发行纸质版，还有电子版，顺应了新媒体时代的变化，满足了新时代的要求。因此，本文选取印尼华侨华人的主流华文报刊作为研究分析的研究语料，剖析印尼华侨华人对“21 世纪海上丝绸之路”倡议的认知及态度变化。印尼国内的主流华文报刊有 2001 年熊德龙创办的《国际日报》《印度尼西亚商报》《千岛日报》等。《国际日报》是印尼最大、最有影响力的华文报纸，总部位于首都雅加达，其宗旨是“立足华人社区，为华人服务”，主要在雅加达、坤甸、泗水、棉兰等地印刷发行。《印度尼西亚商报》是 1985 年在雅加达地区成立出版发行的印尼文报刊，于 2000 年创刊中文版，是印尼进入改革时代后创办的第一份华文报刊。《千岛日报》是目前印尼国内发行量较多、发行地区较广泛、影响面较大的华文报刊之一，畅销印尼全国，印尼东部地区是主要发行地区。

“一带一路”倡议是在遵循共商共建共享原则基础上，加强创新能力开放合作的前提下，以“政策沟通、设施联通、贸易畅通、资金融通、民心相通”为主要内容，最终要形成的是“陆海内外联动、东西双向互济”的开放新格局。[①] 印尼国内有超过 100 个民族，其中爪哇族是印尼第一大民族，华人约占 5%，总人数约 1000 万。华侨

① 习近平：《决胜全面建成小康社会　夺取新时代中国特色社会主义伟大胜利——在中国共产党第十九次全国代表大会上的报告》，人民出版社 2017 年版，第 34 和 60 页。

华人既与祖籍国密切相连，又在侨居国生活兴业，既承袭祖籍国文化，又熟悉侨居国习俗，因而是连结祖籍国和侨居国的桥梁与纽带，是“一带一路”倡议实施过程中不可或缺的重要力量。[①] 印尼华侨华人一直对印度尼西亚的经济发展和文化交流发挥着重大作用，他们对中国“21 世纪海上丝绸之路”倡议的具体认知也必将对印尼产生重要的影响，所以将印尼华侨华人作为重点调查对象，了解他们对“海丝”倡议的回应情况、所持态度及所思所虑，然后有针对性地思考如何帮助提升中国和印尼华侨华人在“海丝”建设中的软实力，其结果无疑对“一带一路”沿线国家实现互联互通和互利共赢具有重要的参考价值。

本文以华文报纸为数据来源，以“一带一路”“丝绸之路”“中印尼”为关键词搜集相关新闻报导内容，建立数据库来进行整合分析印尼华侨华人对“21 世纪海上丝绸之路”倡议的认知，汇总语料的标题和主题内容，评估主题相关性和差异，发现关于华侨华人的报告虽然视角不同，但均围绕经济、外交与安全政治以及国际秩序等主题，分析“海丝”倡议的战略目标、影响或对华作用。虽然针对华文主流媒体的报道不能完全反映印尼华侨华人整体对中国“21 世纪海上丝绸之路”倡议的认知情况，但由于这几家报纸占据了印尼华文报纸大部分的发行量，在印尼华人社会中具有强大的影响力，是印尼华侨华人重要的社会喉舌，故调查结果对于我们了解印尼华侨华人的具体认知仍有一定的代表性。通过研究这些回应，我们至少可以查有实据地发现一些现象和问题，并进行针对性研究，为政府部门和社会各界决策者提供专业咨询和见解。

---

① 蔡建国:《充分发挥华侨华人在“一带一路”战略中的力量》，《人民政协报》，2015 年 6 月 1 日。

三、从不同层面的回应来看印尼华侨华人的认知

印尼华文主流报刊对“21 世纪海上丝绸之路”的报道从政治、经贸、文化等方面正面积极地宣传“21 世纪海上丝绸之路”并通过对中印尼两国外交关系、中印尼政府战略对接的现状、印尼的积极作用等方面进行宣传，为“海丝”倡议的顺利实施及政策沟通、道路联通、贸易畅通、货币流通和民心相通，逐步形成区域大合作格局奠定基础。从华文报刊对“21 世纪海上丝绸之路”的报道内容情况来看，印尼华侨华人主要关注“海丝”倡议在印尼的实施会从政治、经贸、文化教育等方面促进印尼的整体发展，政治和经贸是受关注较多的，一方面是因为印尼华侨华人生活在印尼，势必会受到中印尼两国邦交关系的影响，特别是在印尼发生过数次大型排华事件。另一方面是因为大部分印尼华侨华人在印尼经商，“海丝”倡议势必会带来更多的经济发展机遇，也主要通过经贸合作来推动丝路沿线国家的建设，惠及沿线各国人民，能给印尼华侨华人提供更多的发展机遇。

（一）政治方面

印尼华文报纸主要通过以下方式宣传两国关于“21 世纪海上丝绸之路”在印尼对接的相关利好政策，积极消除印尼社会存在的对于两国战略对接的误解，有利于促进两国战略对接。1. 印尼在“海丝”中作用重大，是印尼发展的良好机遇。印尼是“海丝”的起点和首倡之地，两国有着相似的历史记忆，都面临改善民生、振兴国

家的历史任务，有着相同的发展愿望和目标，两国就对接“一带一路”倡议和“全球海洋支点”战略达成重要共识，印尼的“经济走廊”——北苏门答腊省、北加里曼丹省、北苏拉威西省和峇厘是确定对接中国“海丝”倡议的四个试点地区，积极对接中国的“海丝”倡议。[①] 印尼华文报刊还经常刊登中国关于“一带一路”的重要讲话，如印尼国际日报刊登了中国驻印尼大使肖千在《罗盘报》发表的署名文章《攻坚克难，行稳致远，中国将持续为世界经济增长注入强劲动力》，通过中国巨大市场的吸引力来呼吁印尼重视两国的对接。2. “一带一路”倡议对印尼意义重大，印尼也应该积极把握机遇，借鉴中国经验。“一带一路”合作是伴随着怀疑和阻挠而逐渐发展的，如今已逐渐成为世界上最大规模的互利共赢工程的合作集群，多年的发展使得“一带一路”倡议在全球层面、区域层面和国家层面都形成有效对接，参与国家由沿线发展中国家逐渐发展为发达国家也在陆续加入，葡萄牙总统马塞洛·雷贝洛·德索萨、马来西亚总理马哈蒂尔、菲律宾总统杜特尔特等于2019年4月访问中国，参加在中国举行的第二届“一带一路”国际合作高峰论坛，法、德、英、日、欧盟等派出领导人委托的高级代表也参加了这次的高峰论坛，开启了互联互通的新模式。[②] 3. 报道中印尼两国重要人物的访问交流，如印尼的卡拉副总统访华并参加中国举办的第二届“一带一路”国际论坛，他秉持项目对接优先国家利益，争取从每项合作工程上为印尼人民谋取最大利益，习近平主席会见印尼副总统卡拉并承诺通过“海丝”倡议来助推两国的合作。4. 印尼对接“海

① 《推动构建人类命运共同体，开辟美好合作共赢前景》，千岛日报，http：//qiandaoribao. com/news/123392。（上网时间：2018年12月4日）

② 《一带一路，内在动力远大于外部阻力》，印尼国际日报，http：//www. guojiribao. com/shtml/gjrb/20190426/1481103. shtml。（上网时间：2018年12月4日）

丝”倡议能够促进印尼与中国、东盟的外交关系，“雅加达渠道”为东盟参与“海丝”倡议的实施提供了新平台，发挥了新作用。2018年，中国—东盟在印尼雅加达举办了中国—东盟建立战略伙伴关系15周年招待会的一系列庆祝活动，还就《中国—东盟战略伙伴关系2030年愿景》达成一致，中国—东盟双方还共同创设了“中国—东盟关系雅加达论坛”，积极探索中国—东盟合作基金的使用，努力搭建中国—东盟媒体合作、文创产业合作新平台，东盟各国对“雅加达渠道”的建立给予高度的评价。[①]

（二）在经贸方面

1.“海丝”倡议在印尼的实施中，印尼政府牢牢把握主动权，中印尼两国倡议对接的模式是企业对企业，不会使印尼陷入债务危机，加重印尼政府负债，对印尼国内的经济政治安全没有影响。印尼海事统筹部长卢虎宣称印尼政府向即将投资印尼的中国企业家提出五项条件，以确保印尼政府掌握主动权，印尼中“一带一路”合作框架下所有项目都采用企业对企业（B to B）的合作模式，而不是政府对政府的模式，印尼是一定可避免债务陷阱的潜在威胁，印尼对中国的债务目前仅22万亿印尼盾，不到20亿美元，比对日本的债务还少，印尼政府也不会让印尼被中国操控。[②] 2.“海丝”倡议在印尼实施的项目进展良好，发展前景广阔。2019年4月，中国蒙牛乳业准备在印尼总投资超3亿元建设乳品工厂；中国机械设备工

---

① 《“雅加达渠道”致力高质量共建“一带一路”》，印尼国际日报，http：//www.guojiribao.com/shtml/gjrb/20190412/1479381.shtml。（上网时间：2018年12月4日）

② 《鲁胡特：“全球海洋支点”——“一带一路”不会增加政府债务负担》，千岛日报，http：//qiandaoribao.com/news/122962。（上网时间：2018年12月4日）

程股份有限公司所属中成套公司与印尼 PT. ANTAM NITERRA HALTIM（ANH）公司签署了金额为7438 万美元的印尼 ANH 高炉镍铁冶炼项目，计划建设年产 8 万吨含镍 9.5% 镍铁合金的冶炼厂。3. “海丝”倡议在印尼的实施能为印尼经济的发展提供了良好的机遇。印尼政府应抓住国际产能合作的机会，专注为包括中资在内的各国投资者打造一个更加便利、友好的营商环境。青山控股印尼工业园代表杜濉介绍了该浙江企业在印尼投资创业历程。作为共建“一带一路”倡议的成功典范，该公司在印尼东南苏拉威西省开发的青山工业园，过去 5 年已投资 80 亿美元，完成年产 300 万吨不锈钢生产目标，使印尼一跃成为世界并列第二的不锈钢生产大国，解决了当地 28000 多名劳动力的就业问题。①

（三）在文化教育方面

1. 丰富印尼民众的精神文化生活，陶冶人民的情操。中国书法家萧冰在 2019 年 3 月 23 日三宝垄皇宫举行的印尼群岛皇家册封大典荣获印尼皇室勋爵册封，来自世界各地的十几个国王、苏丹，以及总统府、文化部官员一起见证了这场盛典活动，这是印尼皇室第一次向在弘扬民族文化取得突出成就的非印尼籍公民进行册封。2. 促进印尼华文教育的发展。棉兰亚洲国际友好学院举办系列活动庆祝建校十周年，在 2018 年 1 月 26 日，印尼华文教育现状与发展研讨会在棉兰亚洲国际友好学院小礼堂举行。一个国家要进步，不了解别国的文化，就不能很好地进行文化交流和经贸往来，为印尼华文教育把脉。学习重要国家的语言文化是一种国家安全战略，印

① 《一带一路启动印中经贸对接》，印尼国际日报，http：//www.guojiribao.com/shtml/gjrb/20190405/1478701.shtml。（上网时间：2018 年 12 月 4 日）

尼要想在参与“一带一路”建设中与中国实现互利共赢，不了解中国、不了解中国文化很难进行深度合作，文化交流应先经贸政治社会的合作，印尼创办亚院、复办崇文中小学和棉中中小学，推动印尼华文教育就是为了促进印尼经济社会发展。[①] 3. 文化教育方面的交流促进印尼科学文化等方面的进步。万隆理工大学（ITB）与中国清华大学准备在印尼合作兴建数据化中心科技园，由印尼 Kura Kura Bali 公司经营，清华大学将邀请国外合作伙伴，苹果和谷歌已同意入住该科技园，澳大利亚的皇家墨尔本理工大学和墨尔本大学，印尼大学，泗水 ITS 学院等表示有意参与有关的建设活动。[②] 4. “海丝”倡议在印尼的实施能提升印尼民众的知识技能水平。2018 年印尼赴华留学生超过 1.5 万人，中国成为最受印尼学生青睐的第二大海外留学目的地，印尼国内的学生也经常前往中国参加比赛以提升自己的知识技能，如印尼学生联合会（PPI）旗下的数百名留学生在中国参加探讨数码革命的研讨会，以“新千禧青年促进 4.0 工业革命的作用”为主题进行研讨，学习中国现行的 4.0 工业革命先进经验。1100 余名印尼大学生踊跃报名参加驻印尼使馆与 FPCI 在印尼全国高校内联合举办的“知行中国”（Write to China）大学生征文比赛，共提交征文作品 700 余份，13 所印尼著名高校的 20 名大学生脱颖而出并获邀参加“中印尼青年交流互访游学活动”。[③] 印尼海事统筹部长卢虎在参与中国举办的第二届“一带一路”高峰论坛上宣布

---

① 《把脉印尼华文教育，凝聚亚院发展共识》，千岛日报，https：//qiandaoribao.com/news/120500。（上网时间：2018 年 12 月 16 日）

② 《万隆理工大学与清华大学》，印尼国际日报，http：//www.guojiribao.com/shtml/gjrb/20190502/1481822.shtml。（上网时间：2018 年 12 月 16 日）

③ 《肖千大使为中印尼青年交流团》，印尼国际日报，http：//www.guojiribao.com/shtml/gjrb/20190408/1479015.shtml。（上网时间：2018 年 12 月 16 日）

印尼政府向即将投资印尼的中国企业家提出五项条件，其中的第三条就是中国企业家务须向印尼员工转移技术。

四、不同职业的印尼华侨华人对中国海外基础设施投资的认知

印尼华侨华人对“海丝”倡议的认知是一边倒的称赞与支持。“海丝”倡议在印尼的推进中，他们获得资金、资源、信息等方面的支持，借力转型升级；依托中国强大的生产制造能力和中国结构调整的“新常态”，获得新的发展商机；充分运用倡议带来的政策资源优势，将华商企业的发展融入倡议实施中，助力企业转型升级，实现互利共赢。从印尼主流华文报刊涉及不同人群的回应并按照其从事的具体职业划分为社团人士、大企业家、中小微企业商人及其他人士，回应人士主要来自社团和商界人士，这说明海外华的华人社团和商界人士相比其他阶层更加关注“海丝”倡议。一方面，积极参与“海丝”倡议在印尼的实施对印尼的整体发展而言尤为重要；另一方面，印尼华侨华人是中印尼两国沟通的桥梁和使者，“海丝”在印尼的实施给印尼华侨华人提供了新的机遇，普遍得到印尼华侨华人的积极支持与响应。

印尼华人社团人士为“海丝”倡议的实施发挥着牵线搭桥的巨大作用。印尼华人社团通过组织华侨华人参加中国举办的展会、组织双方互访、收集商贸信息、举办讲座等形式增进中印（尼）两国的交流沟通、为印尼华侨华人提供了更多的发展机遇和就业机会。印尼华人社团从 1998 年开始成立了 500 个左右，并涵盖了不同层

次、不同群体的多样化需求，他们将印尼华侨华人进行整合，为了能更有效地发挥印尼华侨华人的优势来推动、加强中印尼两国政府、企业和民间的商业合作、交流与共同发展。印尼中华总商会是“海丝”倡议在印尼的实施对接中起到典范作用的华社之一。2019 年 1—3 月，印尼中华总商会就接连接待了江西省归国华侨联合会代表团、南宁市代表团、南宁市委统战部一行、安徽外商投资促进局、广西国际博览集团、晋江市委书记一行、中国浙江省代表团、“一带一路”浙商行，印尼华人社团主动邀请中国官方和非官方组织到印尼进行参观考察，积极向中方介绍印尼的投资兴业环境，为印尼华侨华人的发展提供了交流平台和发展机遇。印尼中华总商会主席陈大江为了更好地促进中印（尼）的经贸合作，经常亲自接送来印尼实地考察的中国代表团，为中国企业在印尼进行投资发展提供了资金、信息等便利，也为印尼华侨华人的发展提供了更多的机遇。印尼中华总商会常务副总主席张锦雄在雅加达国际会展中心协助举办了“浙江—印度尼西亚（雅加达）投资与国际产能合作推介会”表示印尼中华总商会将对浙江企业在印尼的投资合作提供良好的服务和帮助。① 印尼华侨华人社团发挥在印尼政商界的影响和资源，依托“海丝”倡议对来印尼投资的中方机构和企业多渠道提供一站式全方位综合服务，增强了两国的政策沟通和信息沟通。

随着全球经济一体化进程的不断加快和科学技术的突飞猛进，经营大型企业的印尼华侨华人也面临着以家族式管理为主逐步向专业化和现代化企业的经营管理转型。印尼经济是东南亚新的经济增

① 《浙江—印尼投资与国际产能合作推介会在雅加达成功举办》，印尼国际日报，http：//www.guojiribao.com/shtml/gjrb/20190329/1477841.shtml。（上网时间：2019 年 12 月 25 日）

长引擎，正处于由消费驱动向投资驱动转型时期，传统的印尼华侨华人经商是以家庭为经济体，以投资金额小、短频快的劳动密集型产业的“三把刀”为主，难以扩大经营规模，更难融入印尼本土的商业体系之中。“工业化4.0浪潮”在全球价值链中实现提质升级，“海丝”在印尼的实施可以为经营大型企业的华商进行企业转型升级提供资金支持、平台机遇以及政治保障。1. 据印尼工业部在2006年对全国纺织企业调查的结果显示，印尼有约1100家企业需要更换生产设备来提高生产效率和市场竞争力，却无力承担高达18%的贷款利率，资金缺口约3亿美元。① 华侨华人作为印尼商人中的重要组成部分，也同样面临着资金缺口、设备老化等转型升级的困难，中国出资400亿美元成立的丝路基金，可以为印尼华侨华人企业的转型提供资金支持。2. 中印（尼）两国已经建立诸多合作机制和对话平台，有政府层面的中印（尼）两国副总理级对话机制、中国—东盟“10+1”、亚洲合作对话（ACD）、亚太经合组织（APEC）；也有非政府层面的博鳌亚洲论坛、中国—东盟博览会、中国与印尼产能合作机制等。华侨华人可以通过这些机制和平台，依托中国强大的生产制造能力和结构调整的“新常态”，通过中国企业在印尼的直接投资，获得中国企业资金、设备、技术、管理经验等的支持帮助，实现企业顺利转型，借机增强实力。3. 两国政府为了保证倡议在印尼的顺利实施，向企业提供了资金、政策等支持，印尼华侨华人可借力使自身的企业实现平稳转型。印尼自身交通、投资、贸易、金融等领域的发展，印尼参与和融入次区域、区域发展的能力将不断增强，印尼在次区域、区域合作的平台上将更加活跃和主动，这对熟

① 《印尼千多家纺织厂更换生产机械设备》，《千岛日报》，2006年4月4日。

悉印尼政治、社会、经济环境的华侨华人而言，可以从印尼“海洋强国战略”与中国“海丝”倡议的对接中寻求发展空间，将自身的发展目标扩展到印尼以外。2015年印尼总统佐科访华使印尼获得中国约684.4亿美元的合作项目，印尼政府也已公布包含约3.6万亿人民币的基础设施建设的经济新战略。截至2019年，中国企业家在印尼合作投资总额达到142亿1500万美元，为印尼企业转型升级带去了资金、政策等支持。印尼华侨华人作为印尼经济的重要组成部分，可将企业的发展融入倡议实施中，借力转型升级，增强自身实力。

经营中小微企业的印尼华侨华人，借助倡议的实施与中资企业合作，不仅可以享受针对外资企业的优惠政策和倡议实施中达成的优惠举措，也可以借助倡议提供的平台机遇，寻找新的发展商机，将企业做大做强。“21世纪海上丝绸之路”倡议秉承着共商、共享、共建原则。习近平主席在亚太经合组织第二十五次领导人非正式会议上宣称中国要深化中小微企业等领域的合作，让亚太民众有更多的获得感，中国的“一带一路”倡议是基于共商共建共享理念提出的，是为了同亚太国家优势互补、合作互惠、发展互鉴，实现协同联动发展，向命运共同体方向努力。印尼华侨华人在互利共赢的倡议中，可获得更多的发展机遇。中国政府还积极鼓励高新技术产业来华投资创业，2014年9月，国务院正式批复同意在汕头经济特区设立华侨经济文化合作试验区，2014年11月，由中国国侨办与相关地方政府联合打造的国家级侨商产业聚集区“侨梦苑”在天津武清区挂牌成立。中国政府出台的一系列举措，为华侨华人直接参与到中印（尼）贸易合作中提供了发展平台和前所未有的机遇。90%的印尼华人企业是中小型企业，它们可以借助倡议带来的资金、技术、设备和管理经验来增强自身实力，同时积极与中资企业合作，享受中印（尼）两国为倡议实施提供的优惠政策及发展平台，扩大企业经营，将企业做大做强，增强企业实力。华侨华人在“一带一路”中都可以大有可为，华商的产业应该在“一带一路”倡议的各个节点上繁荣发展。印尼要发挥本国在地缘位置、自然资源、青年人口、中小企业上这些方面的相对优势，积极为印尼实现“印尼工业 4.0”努力奋斗，在全球价值链中实现提质升级，这些都离不开在印尼有一定经营基础的华商的参与，经营着中小企业的印尼华侨华人可以在“海丝”倡议的各个领域中寻找商机，为企业在“印尼工业 4.0”中找到一席之地。

印尼华侨华人在印尼经营范围广，涉猎面大，熟悉印尼的政策法规、市场运作、国情民俗，其中很多是高级知识分子和成功商人，在所在地区有着自己稳固的联系面，他们积极参与到倡议的实施中，为中印（尼）战略对接及华侨华人企业的发展贡献自己的力量。1. “海丝”倡议的实施可以为印尼华侨华人提供更多的发展机遇。印尼国内面临着失业率居高不下的挑战，据印尼千岛日报报道，佐科总统于 2017 年 11 月 17 日在雅加达国会大厦主持以“实现地方理事会的宪法义务”为主题的全国地方代表理事研讨会时声称印尼面对的严重挑战是失业①，印尼华侨华人也同样面临着就业难和失业的威胁，倡议在印尼的实施必然加大了对熟悉印尼国情和市场运动规则，了解印尼风俗习惯，可协助中国企业减少投资摩擦特殊人才的需求，华侨华人几代、甚至十几代以来在印尼长期生存发展，积累了丰富的资源和人脉，他们天然具备了这些能力，随着中印（尼）战略的深入对接，必然加剧了对特殊人才的需求，这为华侨华人的

---

① 《佐科：我国将失去 56% 就业机会》，华中师范大学印尼研究中心官网，http://www.cistudy.cn/html/54-4/4768.htm。（上网时间：2019 年 12 月 25 日）

发展提供了更多的就业机会和发展平台。2. “海丝”倡议的实施可以帮助实现印尼华侨华人的“小梦想”。中国重视并鼓励华侨华人积极参与“海丝”倡议，在“海丝”这个广阔的平台上，各行各业的华侨华人都可以在“一带一路”倡议中大有作为。中国驻印尼大使肖千在雅加达举行的“‘一带一路’连接中国与印尼”研讨会上指出“一带一路”不仅为各国合作勾画了大蓝图，也助一个个普通家庭和参与者实现了他们的小梦想；并以参与印尼雅万高铁项目的普通翻译女孩和在中资企业投资开发的东南苏拉威西省青山工业园工作的吊车驾驶员为例讲述了普通印尼民众参与“海丝”倡议的实施实现了个人与项目和企业共同成长。中印尼两国的经济技术合作和人文交流的深入和扩大，无疑将为广大的华侨华人和新移民提供更广、更高的平台，印尼华侨华人可寻求更多的发展机遇；中印尼两国的战略对接的实施，进一步扩大在投资、贸易、金融、交通、新兴产业和人文等领域互联互通，印尼华侨华人可以充分发挥多年积累的资源和网络优势，乘势而发，实现更大的发展。3. “海丝”倡议可以给印尼华侨华人提供更多的就业和技能提升机会。华为印尼公司自 2000 年开始在印尼建设工厂后，每年间接给印尼国内提供了 2 万多个就业岗位，员工本地化率达到 86%，截至 2017 年向 3000 名印尼优秀大学生提供实习和工作机会，2018 年为印尼 12 所印尼职业学校的近千名学生提供职业培训，为普通印尼民众带去了机遇与梦想，成长与进步，憧憬和希望，为一个个普通的印尼华侨华人实现梦想提供了机遇与平台。①

---

① 《驻印尼大使：“一带一路”既勾画“大蓝图”亦助实现“小梦想”》，印度尼西亚商报，http：//www. shangbaoindonesia. com/read/2019/03/22/special - news - 155326 9316。（上网时间：2019 年 7 月 25 日）

综上所述，印尼华侨华人的发展和变化是中印尼两国关系的直接反映，中印尼关系的正常有序的发展能够促进印尼华侨华人的进一步发展。印尼对“海丝”倡议的积极回应，为印尼华侨华人的发展提供了新的发展机遇，印尼华侨华人应该充分发挥沟通桥梁的作用，主动为“海丝”倡议与印尼发展战略的对接服务，提升印尼华侨华人社会的发展动力，促进自身发展。

[**参考文献**]

刘建超：《中印尼关系发展新的里程碑》，《人民日报》，2013 年 9 月 30 日。

赵春珍：《中国与印尼能源关系：现状、挑战和发展策略》，《南洋问题研究》2012 年第 3 期。

《教育部：2014 年来华留学生近 38 万人韩国居首》，中新网，http：//www. chinanews. com/edu/2015/03 – 18/7139916. shtml。（上网时间：2019 年 2 月 15 日）

《中国跃升为印尼最大旅游客源地》，中华人民共和国国家旅游局官网，http：//www. cnta. gov. cn/xxfb/jdxwnew2/201702/t20170217 — 815114. shtml。（上网时间：2019 年 2 月 15 日）

习近平：《决胜全面建成小康社会　夺取新时代中国特色社会主义伟大胜利——在中国共产党第十九次全国代表大会上的报告》，人民出版社 2017 年版。

蔡建国：《充分发挥华侨华人在“一带一路”战略中的力量》，《人民政协报》，2015 年 6 月 1 日。

《推动构建人类命运共同体，开辟美好合作共赢前景》，千岛日报，http：//qiandaoribao. com/news/123392。（上网时间：2018 年 12

月4日）

《一带一路，内在动力远大于外部阻力》，印尼国际日报，http://www.guojiribao.com/shtml/gjrb/20190426/1481103.shtml。（上网时间：2019年12月4日）

《“雅加达渠道”致力高质量共建“一带一路”》，印尼国际日报，http://www.guojiribao.com/shtml/gjrb/20190412/1479381.shtml。（上网时间：2019年12月4日）

《鲁胡特：“全球海洋支点”——“一带一路”不会增加政府债务负担》，千岛日报，http://qiandaoribao.com/news/122962。（上网时间：2019年12月4日）

《一带一路启动印中经贸对接》，印尼国际日报，http://www.guojiribao.com/shtml/gjrb/20190405/1478701.shtml。（上网时间：2019年12月4日）

《把脉印尼华文教育，凝聚亚院发展共识》，千岛日报，https://qiandaoribao.com/news/120500。（上网时间：2018年12月16日）

《万隆理工大学与清华大学》，印尼国际日报，http://www.guojiribao.com/shtml/gjrb/20190502/1481822.shtml。（上网时间：2019年12月16日）

《肖千大使为中印尼青年交流团》，印尼国际日报，http://www.guojiribao.com/shtml/gjrb/20190408/1479015.shtml。（上网时间：2018年12月16日）

《浙江—印尼投资与国际产能合作推介会在雅加达成功举办》，印尼国际日报，http://www.guojiribao.com/shtml/gjrb/20190329/1477841.shtml。（上网时间：2019年12月25日）

《印尼千多家纺织厂更换生产机械设备》，《千岛日报》，2006 年 04 月 04 日。

《佐科：我国将失去 56% 就业机会》，华中师范大学印尼研究中心官网，http：//www. cistudy. cn/html/54 －4/4768. htm。（上网时间：2019 年 12 月 25 日）

《驻印尼大使："一带一路"既勾画"大蓝图"亦助实现"小梦想"》，印度尼西亚商报，http：//www. shangbaoindonesia. com/read/2019/03/22/special －news －1553269316。（上网时间：2019 年 7 月 25 日）

远邻篇

新时代中国与海合会国家劳务合作*

王　然**

中国与海合会国家劳务合作是落实“一带一路”倡议的重要组成部分，总结中海劳务合作的成果、经验和教训在当前具有重要意义。中国与海合会国家劳务合作肇始于20世纪70年代末。随着中国与海合会国家间的政治、经济互动不断增强，中海劳务合作取得巨大成绩，成为中海经贸合作的“双翼”之一。① 自2013年中国提出“一带一路”倡议，中国与海合会国家在多个层次、多个领域展开密切合作，为双方劳务合作赋予了新的历史意义，提供了新机遇和新契机。

劳务合作指组织劳务人员赴其他国家或地区为国外的企业或机构工作的经营性活动,② 实质是劳务人员的跨国迁移。劳务合作从传

---

* 本文是四川外国语大学2019年度校级科研项目青年项目“总体国家安全观下海外利益保护研究（sisu2019048）”的阶段性成果；2019年度重大社科项目规划博士项目（2019BSO10）；2019年外国语言文学动级一流学科科研项目（SISLIWYJY201914）阶段性成果。

** 作者简介：王然，四川外国语大学讲师，法学博士，研究方向为中东。

① 顾坚:《中阿关系中的双边认知（1949—2009）》，上海外国语大学国际关系与公共事务学院博士学位论文，2012年，第165页。

② 中华人民共和国国务院令第620号:《对外劳务合作管理条例》，中国法制出版社2012年版。

统意义上讲是一个国际经济合作议题，当前研究多将劳务合作置于经济学的国际经济贸易合作、人口学的人口迁移视野内。① 然而实际上，劳务合作是一个集经济、社会和政治问题于一体的议题，经济因素和社会因素是国际劳工移民的必要条件，国家因素则是国际劳工移民的充分条件。② 鉴于此，本文以国家为分析单位，从宏观视角分析劳务合作，认为劳务合作的深度、广度和可持续性取决于利益互补性、能力满足度、合作意愿度、战略认知、机制可靠性、客观环境等因素。具体内容如下：首先，概括中海劳务合作的现状和特点；其次，分析“一带一路”背景下中海劳务合作发展的基础和机遇；再次，指出“一带一路”背景下双方劳务合作中存在的问题；最后，提出深化中海劳务合作的建设性建议。

一、中国与海合会国家劳务合作的现状和特点

海合会国家是中国对外劳务合作的传统地区。改革开放初期，中海劳务合作开始起步，并取得一系列成果；尽管中海劳务合作在 20 世纪 90 年代出现短暂停滞现象，但是进入 21 世纪以来，中海劳务合作取得巨大发展，并呈现以下几个特点：

中国与海合会国家劳务合作中的劳务工人（简称劳工）流向呈

---

① 根据主题“劳务合作”搜索知网，所得（SCI 来源期刊、EI 来源期刊、核心期刊、CSSCI）文献共计 624 篇，其中中国政治和国际政治领域只有 7 篇，其他文献绝大多数属于经济学所属学科。

② 卢倩仪：《政治学与移民理论》，《台湾政治学刊》第 10 卷第 2 期，2006 年 12 月，第 219 页；Wayne A. Cornelius，Philip L. Martin，and James F. Hollifield，“Introdution：The Ambivalent Quest for Immigration Contro，” in Wayne A. Cornelius et al.，（eds.），*Controlling Immigration：A Global Perspective*，Stanford：Stanford University Press，1994，p. 8.

现单向性。根据劳务合作的劳工流向划分，劳务合作包括对外劳动输出和对内劳动输入。作为劳动力资源丰富的国家，中国是国际劳务合作活动中的重要劳务输出国，而海合会国家是世界第三大劳务输入地。[①] 因此，中国与海湾国家的劳务合作也是中国在向海湾国家输出劳务工人。

中国与海合会国家劳务合作发展首先体现在中国赴海合会国家的劳工规模持续扩大[②]（见表6—1和表6—2）。在对外劳务合作人员规模方面，中国在海合会国家的对外劳务合作年末在外人员在2011至2015年分别为16333、17848、17899、19565和20597人；在对外承包工程在外劳务人员规模方面，中国在海合会国家的对外承包工程年末在外劳务人员在2011至2015年分别为42968、44300、41619、34160和33824人。中国在海合会国家的劳务人员总数在2011至2015年分别为59301、62148、51518、53725和50626人。就国别而言，以沙特为例，中国赴沙特劳工数量在2007年为15935人，[③] 2015年上升至32977人。

表6—1　中国对外劳务合作期末在外人员（单位：人）

	2015年	2014年	2013年	2012年	2011年
海湾六国	20597	19565	17899	17848	16333
沙特	10643	9548	7569	7179	6243

① George Naufal and Ismail Genc, "Labor Migration in the GCC Countries: Past, Present and Future", *Singapore Middle East Papers*, Volume 9/2, June 3, 2014, p. 22.

② 根据《对外承包工程管理条例》，中国对外劳务合作人员包括两部分：中国对外劳务合作人员和中国对外承包工程在外劳务人员。

③ 驻沙特经商处：《中国企业向沙特输出劳务指南》，中国商务部网站，http://www.mofcom.gov.cn/aarticle/i/dxfw/gzzd/200801/20080105351028.html，2008－1－23。（上网时间：2018年1月10日）

续表

	2015 年	2014 年	2013 年	2012 年	2011 年
阿联酋	6177	6187	6045	6933	7196
卡塔尔	1463	1482	1487	1535	1587
科威特	2285	2252	2723	2107	1245
巴林	9	73	73	74	6
阿曼	20	23	2	20	56

注：根据《对外承包工程管理条例》，对外劳务合作指组织劳务人员赴其他国家或地区为国外的企业或机构工作的经营性活动。期末在外人数指报告期末企业在国（境）外执行对外承包工程和劳务合作项目的人数。

数据来源：中华人民共和国统计局：http：//data. stats. gov. cn/easyquery. htm？ cn = C01.

表 6—2　中国对外承包工程期末在外劳务人员（单位：人）

	2015 年	2014 年	2013 年	2012 年	2011 年
海湾六国	33824	34160	41619	44300	42968
沙特	22334	22960	27756	28382	24363
阿联酋	5485	5461	6954	7324	9621
卡塔尔	2807	2404	2578	4805	5097
科威特	2728	2833	3490	3077	3061
巴林	3	7	8	11	21
阿曼	467	495	833	701	805

注：根据《对外承包工程管理条例》，对外承包工程是指中国的企业或者其他单位承包境外建设工程项目的活动。期末在外人数指报告期末企业在国（境）外执行对外承包工程和劳务合作项目的人数。

数据来源：中华人民共和国统计局：http：//data. stats. gov. cn/easyquery. htm？ cn = C01.

中国与海合会国家劳务合作发展主要体现在中海务合作的以下两个方面：首先，中国对海湾国家承包劳务完成营业额长期保持增长态势（见表 6—3）。中国对海合会国家承包劳务完成营业额在

2001 年为 1.03 亿美元，2009 年增长至 81.07 亿美元，增长了 79 倍。近年来，由于海合会国家经济困难，项目建设放缓，中国对海合会国家承包劳务完成营业额增长速度有所下降，但是仍然持续增长，营业额在 2011 年为 86.89 亿美元，2015 年上升至 116.5 亿美元。其次，中国与海合会国家新签的和在建的承包劳务合同同样取得了可喜成绩。以 2015 年为例，中国企业在沙特阿拉伯新签承包工程合同 116 份，新签合同额 60.1 亿美元，在建合同额近 270 美元；[①] 在阿联酋新签承包工程合同 51 份，新签合同额 18.45 亿美元；[②] 在卡塔尔新签承包工程合同 14 份，新签合同额为 11.24 亿美元，同比增长了 41%；[③] 在科威特新签承包工程合同 44 份，新签合同额 20.14 亿美元，同比激增 98.26%，在建项目 69 个，在建合同总额 105.07 亿美元；[④] 在阿曼新签承包工程合同 38 份，新签合同额为 8.15 亿美元[⑤]。中国与海合会国家（除巴林）新签承包劳务总额达到 117.94 亿美元。

表 6—3　中国对海湾国家承包工程完成营业额（单位：万美元）

	2015 年	2013 年	2011 年	2009 年	2007 年	2005 年	2003 年	2001 年	1999 年
海湾六国	1165008	1018089	868926	810673	335146	85922	19344	10322	24860
沙特	701812	588411	435846	359158	127614	31729	3485	3059	3390

① 《对外投资合作国别（地区）指南：沙特阿拉伯》（2016 年版），第 27 页，中国商务部网站，http://fec.mofcom.gov.cn/article/gbdqzn/upload/shatealabo.pdf，2017－2－6。

② 《对外投资合作国别（地区）指南：阿联酋》（2016 年版），第 31 页，中国商务部网站，http://fec.mofcom.gov.cn/article/gbdqzn/upload/alianqiu.pdf，2017－2－6。

③ 《对外投资合作国别（地区）指南：卡塔尔》（2016 年版），前言、第 20 页，中国商务部网站，http://fec.mofcom.gov.cn/article/gbdqzn/upload/kataer.pdf，2017－2－6。

④ 《对外投资合作国别（地区）指南：科威特》（2016 年版），第 25 页，中国商务部网站，http://fec.mofcom.gov.cn/article/gbdqzn/upload/kataer.pdf，2017－2－6。

⑤ 《对外投资合作国别（地区）指南：阿曼》（2016 年版），第 28 页，中国商务部网站，http://fec.mofcom.gov.cn/article/gbdqzn/upload/kataer.pdf，2017－2－6。

续表

	2015 年	2013 年	2011 年	2009 年	2007 年	2005 年	2003 年	2001 年	1999 年
阿联酋	153943	133959	193825	354167	140293	28039	13331	2511	2517
卡塔尔	136173	166010	112918	42364	45784	1643	1482	3720	203
科威特	128114	104947	65926	21018	8720	15877	798	755	18750
巴林	27	533	1519	6853	1983		1		
阿曼	44939	24229	58892	27113	10722	8634	1011	277	

注：对外承包工程根据《对外承包工程管理条例》，对外承包工程是指中国的企业或者其他单位承包境外建设工程项目的活动。完成营业额指企业在报告期内完成的以货币形式表现的工作量。

数据来源：中华人民共和国统计局：http：//data. stats. gov. cn/easyquery. htm？cn = C01.

推动中国与海合会国家劳务合作发展的主要因素是中国与海合会国家的工程承包业务持续发展。在中海劳务合作劳工数量方面，中国与海合会国家的工程承包业务占主要地位（见表 6—4 和表 6—5）。2011 年，中国在海合会国家的对外劳务合作派出人数为 5482 人，中国在海湾国家的对外承包工程年派出人数为 28629 人，共计 34111 人，前者占总人数的 16. 06%，后者占总人数的 83. 93%。2015 年，中国在海合会国家的对外劳务合作派出人数为 3213 人，中国在海合会国家的对外承包工程年派出人数为 30029 人，共计 33236 人，前者占总人数的 9. 66%，后者占总人数的 90. 34%。由此可见，中国向海湾国家的对外承包工程年派出人数在双方劳务合作的比重较高，而且呈逐年上升趋势。在中海劳务合作营业额方面，中国与海合会国家的工程承包业务同样占主要地位。以阿曼为例，中国与阿曼在 2010 年完成营业额总计 4. 56 亿美元，其中承包工程完成营业额4.56亿美元，劳务合作营业额3万美元。[①] 因此，中国与海合会国家劳务合作的规模取决于中国在海湾国家工程承包业务的发展状况。这一特点符合中国对外劳务合作的一般特征，即国际工程承包是中国对外劳务合作活动的重要载体，中国对外劳务合作的规模很大程度上取决于国际工程承包事业的发展状况。[②]

表6—4　中国对外劳务合作派出人数（单位：人）

	2015年	2014年	2013年	2012年	2011年
海湾六国	3213	3820	3792	5733	5482
沙特	1581	2275	1828	2609	2738
阿联酋	1250	1350	478	1910	1428
卡塔尔	281	133	82	196	563
科威特	78	32	1404	947	741
巴林				68	
阿曼	23	30		3	12

注：根据《对外承包工程管理条例》，对外劳务合作指组织劳务人员赴其他国家或地区为国外的企业或机构工作的经营性活动。派出人数指企业在报告期内派往国（境）外执行对外承包工程和劳务合作项目的人数。

数据来源：中华人民共和国统计局：http：//data. stats. gov. cn/easyquery. htm？ cn = C01.

表6—5　中国对外承包工程派出人数（单位：人）

	2015年	2014年	2013年	2012年	2011年
海湾六国	30029	21538	31837	29681	28629
沙特	23836	17062	19648	19100	16792

① 《阿曼：阿曼对外经贸关系》，globserver，http：//globserver. cn/% E9% 98% BF% E6% 9B% BC/% E5% AF% B9% E5% A4% 96% E7% BB% 8F% E8% B4% B8% E5% 85% B3% E7% B3% BB，2012 - 8 - 23.

② 刘毅：《国际劳务合作对中国经济发展的影响研究》，安徽大学经济学院硕士学位论文，2014年4月，第8页。

续表

	2015 年	2014 年	2013 年	2012 年	2011 年
阿联酋	1628	1421	5972	4360	4377
卡塔尔	1553	1188	2594	4385	3379
科威特	2968	1832	3254	1503	3151
巴林			1	5	23
阿曼	44	35	368	328	907

注：根据《对外承包工程管理条例》，对外承包工程是指中国的企业或者其他单位承包境外建设工程项目的活动。派出人数指企业在报告期内派往国（境）外执行对外承包工程和劳务合作项目的人数。

数据来源：中华人民共和国统计局：http：//data. stats. gov. cn/easyquery. htm？ cn = C01.

在国别分布上，中国与海合会国家的劳务合作主要集中于沙特、阿联酋、卡塔尔。其中沙特是中国与海合会国家中劳务合作规模最大的国家，2015 年派出各类劳务人员 25417 人，年末在沙特劳务人员 37977 人。[①] 阿联酋其次，2015 年，中国向阿联酋派出各类劳务人员 2878 人，年末在阿联酋劳务人员达 11662 人。[②] 第三大国是卡特尔，2015 年，中国向卡塔尔派出各类劳务人员 1834 人，年末在卡塔尔劳务人员达 4270 人。[③] 第四大国是科威特，2015 年，中国向科威特派出各类劳务人员 3036 人，年末在科威特劳务人员达 5013 人。中国与巴林和阿曼的劳务合作虽然持续不断，但规模远不及其他国家。

虽然中国与海合会国家劳务合作取得巨大进展，但中国籍劳工数量仍然相对较少。一方面，中国赴海合会国家的劳工数量占海合

① 《对外投资合作国别（地区）指南：沙特阿拉伯》（2016 年版），第 27 页。
② 《对外投资合作国别（地区）指南：阿曼》（2016 年版），第 31 页。
③ 《对外投资合作国别（地区）指南：卡塔尔》（2016 年版），前言、第 20 页。

会国家外籍劳工数量的比例极低。2014 年，海合会国家总计约 1700 万外籍劳工，其中沙特900 万、阿联酋400 万、科威特150 万、卡塔尔 110 万、阿曼 90 万、巴林 50 万。[①] 中国在海合会国家的劳工总数仅为 50626 人。另一方面，与其他劳工输出国相比，中国派遣至海合会国家的劳工数量仍然偏少。海合会国家的劳工主要来自于印度、巴基斯坦、孟加拉、斯里兰卡、埃及、也门、菲律宾等国。以沙特为例，印度、巴基斯坦、孟加拉国、菲律宾、斯里兰卡的劳工数量分别为 300 万、200 万、180 万、100 万和 30 万，[②] 而中国在沙特的劳工数量仅 37997 人。因此，中国与海合会国家劳务合作处于起步阶段，但双方劳务合作的发展空间巨大。

二、新时代中国与海合会国家劳务合作的基础和机遇

海合会国家不仅是中国加强对发展中国家经济外交实践的重要对象之一，而且是中国推进“一带一路”倡议的重点区域。[③] 中国“一带一路”倡议为中国与海合会国家劳务合作带来诸多机遇。

① “Gulf Countries Employ Highest Number of Foreign Workers”, in Daily Sabah, https: //www. dailysabah. com/business/2016/01/28/gulf – countries – employ – highest – number – of – foreign – workers, 2016 – 1 – 27.

② Ibrahim Nafi & Mohamed Rashed, “KSA Opens Overseas Labor Offices”, in Arab News, http: //www. arabnews. com/node/1008421/saudi – arabia, 2016 – 11 – 9.

③ 高尚涛:《阿拉伯利益相关者与中国“一带一路”建设》,《现代国际关系》2016 年第 6 期。

（一）海合会国家大规模建设为劳务合作提供了广阔市场空间

作为劳务合作的需求方，海合会国家开展大规模的建设，为中海劳务合作提供了广阔市场空间。沙特是海合会国家中工程建设规模最大的国家。作为实施沙特“2030 愿景”（Vision 2030）而制定的具体办法之一，沙特政府于 2016 年 6 月 6 日通过了“国家转型计划”（简称“NTP”），该规划将公共投资规模从 3 万亿里亚尔增加至 5 万亿里亚尔，[①] 其中 543 个具体项目就耗资 2700 亿里亚尔（约合 720 亿美元）。[②] 沙特 4 个“经济城”[③] 将投资 1107 亿美元，直接增加就业 117.5 万人。[④] 同时沙特政府计划到 2020 年投资 1710 亿美元用于建设住房项目，以满足民众住房需求；在此计划带动下，沙特房地产规模从 2014 年的 3470 亿美元，几年内就达到 4000 亿美元。[⑤] 在海合会地区，阿联酋是建筑市场增长最快的国家。

---

① Samia Nakhoul, William Maclean and Marwa Rashad, “Saudi Prince Unveils Sweeping Plans to End ‘Addiction’ to Oil”, in Thomson Reuters, http://www.reuters.com/article/us-saudi-economy-idUSKCN0XM1CD, 2016-4-25.

② Nasser Saidi, “Saudi Arabia's Shock Therapy”, in The Hong Kong Economic Journal, http://www.ejinsight.com/20160928/, 2016-9-28；李慧：《沙特“去石油化”起航》，《中国能源报》2016 年 6 月 13 日，第 7 版。

③ 4 个“经济城”指雷比格（Rabigh）的阿布杜拉国王经济城（King Abdullah Economic City）、北部省哈伊尔（Hail）的阿卜杜拉兹·本·穆萨德王子经济城（Prince AbdulAziz Bin Mousaed Economic City）、麦地那（Medina）的知识经济城（Knowledge Economic City）和吉赞（Jazan）的吉赞经济城（Jazan Economic City）。

④ “Inclusive and Sustainable Industrial Development in Arab Region”, p.12, in United Nations Industrial Development Organization, https://isid.unido.org/files/ISID/UNIDO_in_Arab_Region.pdf, 2017-1-20.

⑤ Maya El Assaad, “Economic Cities: Opening Vistas of Growth in the Kingdom of Saudi Arabia”, pp.8-9, in Ernst & Young Global Limited, http://www.ey.com/Publication/vwLUAssets/ey-economic-cities-wave-of-growth-in-saudi-arabia/$FILE/ey-economic-cities-wave-of-growth-in-saudi-arabia.pdf, 2015-1-26.

据阿联酋中东风投公司建筑项目跟踪系统的统计数据显示，截至2015年1月，卡塔尔建设市场总值已达2802亿美元，其中住房建设1365亿美元，基础设施建设1034亿美元，能源开发领域建设403亿美元，成为全球第二大最具吸引力的基础设施建设市场。[①]

其他海合会国家也纷纷出台相似的投资计划。2015年2月11日，科威特通过《2015/16—2019/20年发展规划》，规划总投资额为341.5亿第纳尔（约合1160亿美元），仅2016年的投资额就高达66亿第纳尔（约合225亿美元）。[②] 2016年1月1日，阿曼苏丹卡布斯批准阿曼第九个五年发展规划（2016—2020年），预计总支出1370亿美元。[③] 2011年3月，海湾合作委员会分别向巴林和阿曼提供100亿美元无偿援助。[④] 据标准普尔公司统计，2016—2020年，海合会国家总投资中的60%—70%将用于基础设施项目，[⑤] 众多交通、通讯、基础设施建设、经济特区等项目纷纷上马，将开启规模庞大的工程承包市场。

在海湾国家大规模经济建设带动下，海合会国家成为全球第二

① “Qatar Is the Second Most Attractive Market in the world for Investment in Infrastructure”, in Qatar Gulf News, http://www.qatar-gulfnews.com/qatar-is-the-2nd-most-attractive-market-in-the-world-for-investment-in-infrastructure/, 2017-2-20.

② “Kuwait MPs Pass $116 Billion Development Plan”, in Your Middle East, http://www.yourmiddleeast.com/business/kuwait-mps-pass-116-billion-development-plan_29838, 2015-2-12.

③ “Oman's Ninth Five Year Development Plan (2016-2020): Prudent and Realistic Goals”, in Oman Arab Bank, http://www.marketstoday.net/includes/download.php?file=rr_18012016114554.pdf&lang=en&s=4464&m=research, 2017-3-3.

④ Ulf Laessing and Cynthia Johnston, “Gulf States Launch $20 Billion Fund for Oman and Bahrain”, in Thomson Reuters, http://www.reuters.com/article/us-gulf-fund-idUSTRE7294B120110310, 2011-3-10.

⑤ “Gulf States ‘Need Innovative Funding Solutions to Keep up Capital Spending’”, in Arab News, http://www.arabnews.com/economy/news/878606, 2016-9-11.

大承包工程劳务市场和第二大工程建设市场。① 据科威特金融中心报告，海合会六国截止至2020年在建项目总金额已达9000亿美元，其中房地产项目约5100亿美元。② 标准普尔公司报告称，2016—2019年，海湾国家政府在基础设施工程建设方面投资已超过3300亿美元。③ 惠誉旗下的BMI研究报告显示，中东地区建筑工程市场2017年增长速度排名全球首位，总体增速达6%，较2016年的5.3%再度提升0.7个百分点。④

由于中海劳务合作的规模取决于中国在海合会国家的工程承包业务的发展，因此海合国家大规模展开工程建设必将为中国和海合会国家劳务合作提供广阔市场。

（二）中海利益互补性增强为双方劳务合作奠定基础、提供动力

理性选择理论认为，合作的达成主要源于对共同利益的理性计算，因此利益互补是双方合作的基础和动力。就中海劳务合作而言，

---

① 刘旭颖：《中国与海湾国家合作能否再提速》，《国际商报》2016年8月25日，第A04版。

② 中国商务部驻阿拉伯联合酋长国经商参处：《海合会六国2013－2020年在建建筑项目造价将达9千亿美元》，中国商务部网站，http：//ae. mofcom. gov. cn/article/jmxw/201309/20130900291803. shtml，2013－9－8.

③ Neha Bhatia，"S&P：GCC Project Funds for 2019 Short by ＄270bn"，pp. 5－7，in Construcion Week Online，http：//www. constructionweekonline. com/article－37444－sp－gcc－project－funds－for－2019－short－by－270bn/，2016－2－14.

④ "Middle East And North Africa Infrastructure Report"，in BMI Research，http：//store. bmiresearch. com/middle－east－and－north－africa－infrastructure－report. html？ito＝620&itq＝9e010ca7－3b18－4653－b99e－7256b9a64269&itx%5Bidio%5D＝2573997，2016－11－15；"MENA Infrastructure：Key Themes For 2017"，in BMI Research，http：//www. bmiresearch. com/articles/mena－infrastructure－key－themes－for－2017？ito＝702&itq＝4bed5f27－41ac－4128－bdc1－4bc0c66d92fc&itx%5Bidio%5D＝2573997，2017－1－19.

中国与海合会国家在劳动力、资金方面利益互补，是双方开展劳务合作的基础和动力。

第一，中海双方在劳动力方面利益互补。建筑业是高密度劳动的生产行业，大规模工程建设必将带来大量的劳务需求，因此海合会国家大规模工程建设需要大量劳动力，但是海合会国家长期面临缺乏技术、管理人才和熟练劳动力的困境，需要引进大量外籍劳务工人。中国不仅劳动力资源丰富，而且具有独特的优势，即与发达国家相比，中国劳工在薪资水平上有优势；与发展中国家相比，中国劳工在整体技能方面优势较大，且工作效率高。因此，中国和海合会国家在劳动力方面可以实现利益互补。

第二，中海双方在资金方面具有互补性。自 2014 年 6 月，国际石油价格大幅度下跌，海合会国家工程建设面临资金短缺困境。2017—2019 年，海合会国家为了满足基础设施建设需求，至少通过资本市场融资 236 亿美元。① 为了解决资金不足问题，海合会国家一方面开始对外招标，吸引外国资本和大批外国公司进入；另一方面改变工程建设模式，鼓励外资以建造—经营—转让模式（简称 BOT 模式）和公私合作模式（简称 PPP 模式）② 参与基础设施建设。中国参与海合会国家竞争的企业多是国有企业和大型企业，资金充足，有利于中国与海合会展开劳务合作。此外，中国政府积极支持中国企业参与海合会国家的劳务合作。一方面，2017 年 1 月，国务院建立了“一带一路”PPP 工作机制，与海合会国家在基础设施等领域

---

① Neha Bhatia, “S&P: GCC Project Funds for 2019 Short by ＄270bn”.

② BOT 模式实质上是基础设施投资、建设和经营的一种方式，以政府和私人机构之间达成协议为前提，由政府向私人机构颁布特许，允许其在一定时期内筹集资金建设某一基础设施并管理和经营该设施及其相应的产品与服务；PPP 模式即鼓励通过民间资本、私营企业和政府资金的合作，参与投入公共基础设施建设的投融资方式。

加强合作，积极推广 PPP 模式，鼓励和帮助中国企业走出去，推动相关项目尽快落地。另一方面，中国利用中国进出口银行、亚洲基础设施投资银行“丝路基金”等金融机构为中国企业在海合会国家开展工程承包劳务提供资金支持。

可见，“一带一路”战略与海合会国家加强基础设施建设的计划相契合，中国和海合会国家在工程承包领域的合作正处在难得的机遇期，且能够实现互利共赢。

（三）中海政治互信增强、共识扩大推动劳务合作发展

共识可以降低不确定性，塑造和调整偏好，形成战略默契，增大预期，因此共识是实现和维系合作的基本前提。[①] 中国与海合会国家间的传统友谊和历史认同是双方劳务合作保持良好态势的坚实基础，同时中海双方高度重视发展双方关系，不断增强政治互信，扩大合作共识，为劳务合作创造了良好的政治环境。

近年来，中国与海合会国家高层领导互动较为频繁。2014 年 6 月，科威特首相贾比尔·穆巴拉克·哈马德·萨巴赫访华。同年 11 月，卡塔尔国埃米尔塔米姆·本·哈马德·阿勒萨尼访华。2016 年初，习近平主席访问沙特。2017 年 3 月 16—18 日，沙特国王萨勒曼回访中国。伴随着高层频繁互动，中国与海合会国家不断深化战略合作关系：中国与沙特于 2008 年建立战略性友好关系，并于 2016 年提升至全面战略伙伴关系；与阿联酋于 2012 年建立战略伙伴；与卡塔尔于 2014 年 11 月建立战略伙伴关系。中海双方国家高层互动频繁和战略伙伴关系提升，传递出加强战略合作、深化发展对接、

① 尹继武：《共识的国际战略效应：一项理论性探讨》，《国际安全研究》2016 年第 1 期，第 39—42 页。

打造命运共同体的积极信号。

自2013年中国提出“一带一路”倡议以来，海合会国家国家坚定支持并期望参与“一带一路”倡议。2015年4月20日，卡塔尔埃米尔塔米姆表示，卡塔尔高度重视中国提出的“一带一路”倡议，愿意积极参与其中并为之做出贡献。① 阿联酋政府官员、商界代表和专家学者纷纷表示，阿联酋的“重振丝绸之路”和“东向”战略与“一带一路”倡议不谋而合，阿方愿意拓展中阿两国各领域合作，推动“一带一路”倡议在该国早日取得成绩。② 2016年3月17日，科威特最高计划发展委员会经济司司长塔拉勒·夏姆里表示，科威特积极支持中国建设“丝绸之路经济带”和“21世纪海上丝绸之路”的倡议。③ 沙特在《中华人民共和国和沙特阿拉伯王国联合声明》中表示，“沙方愿成为建立‘丝绸之路经济带’和‘21世纪海上丝绸之路’的全球合作伙伴和西亚的重要一站”。④ 2016年，沙特专门提出“一带一路‘西部规划’”同“一带一路”倡议对接。2016年5月13日，阿曼外交部秘书长巴德尔在中阿合作论坛第七届部长级会议上表示，阿曼将积极投身“一带一路”倡议，支持阿（拉伯）中全面战略合作关系不断发展，实现阿（拉伯）中共同进步。⑤

① 杨元勇：《卡塔尔愿积极参与“一带一路”建设》，新华网，http://news.xinhuanet.com/2015-04/21/c_1115034658.htm，2015-4-21.

② 王水平：《深度融合　共建共赢——“一带一路”的天然重要伙伴阿拉伯国家（下）》，《光明日报》2015年4月27日，第1版。

③ 李志平：《科威特支持中国“一带一路”倡议》，新华网，http://news.xinhuanet.com/world/2016-03/18/c_1118373670.htm，2016-3-16.

④ 《中华人民共和国和沙特阿拉伯王国联合声明》，《人民日报》2017年3月19日，第3版。

⑤ 驻阿曼使馆经商处：《阿曼媒体热烈报道中阿合作论坛第七届部长级会议》，中国商务部网站，http://om.mofcom.gov.cn/article/zxhz/201605/20160501319014.shtml，2016-5-16.

海合会国家在多个领域表达了合作愿望，并与中国就多个项目达成合作共识。卡塔尔希望在多哈新港建设中加强与“一带一路”倡议的对接，希望由中方企业参与扩建港口和建设联通海湾合作委员会六国的铁路。[①]《中国和沙特关于建立全面战略伙伴关系的联合声明》指出，“双方愿在共同推进丝绸之路经济带和21世纪海上丝绸之路建设的框架内深入开展合作”“扩大相互投资，进一步深化基础设施领域合作，重点做好铁路、道路桥梁、通信、港口等方面的互利项目”。[②] 阿曼副首相法赫德表示，阿方支持并愿与中方共同推进在基础设施、产能、航空、通信等各领域的合作，以实现优势互补，共同发展，希望中国参与建设“杜库姆经济区”。[③] 这些加强合作的意愿和项目合作共识将促进中海劳务合作发展。

（四）中海机制和制度建设稳步推进　保障中海劳务合作持续发展

国际制度自由主义认为，“制度可以降低国家间的不确定性，消除其他行为体将会背叛的担心进而避免相互背叛的恶性循环”。[④] 因此，制度和机制建设为合作的持续性提供有力保障。近年来，中国与海合会国家建立了双边经贸磋商机制和以“中阿合作论坛”为中

① 吴思科：《“一带一路”——来自中东的声音》，中国人民大学重阳金融研究院，http：//rdcy－sf. Ruc. edu. cn/displaynews. php? id＝11273，2015－4－9.

② 《中国和沙特关于建立全面战略伙伴关系的联合声明》，中国国务院新闻办公室网站，http：//www. scio. gov. cn/ztk/wh/slxy/htws/Document/1466159/1466159. htm，2016－1－20.

③ 驻阿曼使馆经商处：《国务委员王勇访问阿曼》，中国商务部网站，http：//om. mofcom. gov. cn/article/zxhz/201605/20160501325753. shtml，2016－5－25.

④ Helen Milner，“International Theories of Cooperation Among Nations：Strengths and Weakness”，World Politics，vol. 44，No. 3，April，1992，pp. 466－496.

心的多边经贸磋商机制，以降低劳务合作中的不确定性和风险，推动双方劳务合作顺利展开。

目前，“一带一路”倡议具有比较明显的 G2G 的特点，即“政府对政府”。[①] 在双边合作层面，政府磋商机制对促进两国合作起到核心协调作用。中国与海合会各国均建立了双边经贸磋商机制——经济、贸易、投资和技术合作联合委员会，并定期举行双边经贸磋商会议以解决合作中存在的难题。2016 年 8 月 30 日，作为双边经贸磋商机制的升级版，中沙高级别联合委员会首次会议在北京召开，从更高层次统筹和促进两国在各领域的合作。在双边政府经贸联委会框架下，中国与海合会国家签订了众多关于劳务合作和工程承包的协定。

在劳务合作协定方面，中国政府与海合会国家政府签署了双边劳务合作协议和社会保险互免协议。2002 年 5 月，中国与巴林签订了《关于劳务合作及职业培训领域的合作协定》，这是中国与海合会国家签订的第一份关于劳务合作的协议。2008 年，中国与卡塔尔签署了《关于规范卡塔尔雇佣中国劳务人员的协议》，该协议旨在规范卡方雇佣中方劳务人员行为，加强对中卡双方有关企业与劳务人员的指导与管理，维护在卡中国劳务人员的合法权益，为中方劳工更广更深地参与卡塔尔国家建设营造更好的法治环境。[②] 2014 年 12 月，沙特阿拉伯劳工部宣布，准许中国向沙特输入劳工，由此中国成为沙特的劳务合作国。[③] 这些关于劳务合作的国家间协议为双方深

① 郭朝先、邓雪莹、皮思明:《“一带一路”产能合作现状、问题与对策》,《中国发展观察》2016 年第 6 期，第 44－47 页。

② 驻卡塔尔使馆经商处:《中卡互换〈关于规范卡塔尔雇佣中国劳务人员的协议〉的批准文件》，中国商务部网站，http://www.mofcom.gov.cn/aarticle/i/jyjl/k/201109/20110907761486.html，2011－9－28.

③ 吕可丁:《沙特扩大劳工输出国　中国首次成为劳务合作国》，环球网，http://world.huanqiu.com/exclusive/2014－12/5227821.html，2014－12－5.

化劳务合作提供了依据，为解决劳务合作中的限制性因素提供了解决途径。

在工程承包方面，中国与沙特的合作成为典型代表。中国与沙特政府签署了《基础设施建设合作协议》（2006 年）、《工程合作谅解备忘录》（2007 年）、《关于加强基础设施建设领域合作的协定》（2008 年）和《中沙基础设施建设联合工作组会议纪要》（2010 年 4 月 3 日），主要成果就是通过政府推荐渠道解决了中资承包企业进入沙特市场的资质问题。此后，两国工程承包合作就在两国政府的规范下有序进行，目前协议项下有 39 家中国企业，可以不接受资质分级制度限制，直接参与城乡事务部主管的所有基础设施建设领域的项目投资。[①] 2016 年9 月5 日，中沙双方在中沙高级别联合委员会上签署了建设 10 万套住宅项目的协议。[②] 2017 年 3 月，沙特国王萨勒曼访华期间，中国交通建设集团与沙特皇家管理委员会签署《沙特基础设施领域合作备忘录》，双方将通过加强在园区、港口、高速公路、轨道交通、市政工程等领域的合作，推动实现沙特阿拉伯“2030 愿景”，积极响应和推进“一带一路”倡议。[③] 此外，中海在多个协议中涉及工程承包劳务合作。2014 年 6 月，科威特首相贾比尔与中国总理李克强共同签署了《科中关于丝绸之路经济带和科威特丝绸城建设合作谅解备忘录》，“丝绸之城”作为参与“一带一路”倡议的重大项目，科威特计划耗资 1320 亿美元。[④] 2016 年 5 月 22—

① 《对外投资合作国别（地区）指南：沙特阿拉伯》（2016 年版），第 51 页。

② 《沙特阿拉伯和中国签署了建设 10 万套住宅项目》，搜狐网，http：//mt. sohu. com/20160905/n467637229. shtml，2016 －9 －5.

③ 《沙特国王萨勒曼访华获 650 亿美元协议》，中国日报网，http：//caijing. chinadaily. com. cn/2017 －03/21/content_28640659. htm，2017 －3 －21.

④ 王水平：《深度融合共建共赢——“一带一路”的天然重要伙伴阿拉伯国家（下）》，《光明日报》2015 年 4 月 27 日，第 1 版。

23 日，国务委员王勇出席了杜库姆经济特区中国产业园项目签约和揭牌仪式。在多个基础设施建设和工程承包合作协议的助力下，海合会国家已经成为当前中国最具增长潜力的海外工程承包市场之一。

在多边合作层面，中国与海合会国家利用“中阿合作论坛”，促进中海劳务合作关系发展。2014 年 6 月 5 日，习主席在中阿合作论坛第六届部长级会议开幕式上，提出中阿共同构建“1 +2 +3”合作格局的目标，其中“2”就是以基础设施建设、贸易和投资便利化为两翼，加强中阿在重大发展项目、标志性民生项目上的合作。[①] 2016 年 1 月 13 日，中国政府公布了《中国对阿拉伯国家政策文件》，再次强调了“1 +2 +3”合作格局。[②] 2016 年 5 月 12 日，在《中国—阿拉伯国家合作论坛 2016 年至 2018 年行动执行计划》中，中阿还承诺“继续完善经贸合作领域的法律框架，进一步推动基础设施建设合作协定、劳务合作协定，为双方企业间的合作提供法律支持；加强双方金融领域的互利合作，鼓励双方金融机构为工程承包提供金融支持和便利；加强在亚洲基础设施投资银行框架下的合作”。[③] 这些协议和文件为加强中海加强劳务合作指明了方向。

在“中阿合作论坛”框架下，最高级别的会议和机制——部长会议定期举行，同时举办多次企业家论坛、投资研讨会、商务合作论坛等专题会议，双方签订多个工程承包合同。例如，在 2015 年厦门国际投资贸易洽谈会上，巴林作为主宾国，举办了中国—巴林王

① 《中国—阿拉伯国家合作论坛第六届部长级会议北京宣言》，中国外交部网站，http：//www.fmprc.gov.cn/web/gjhdq_676201/gjhdqzz_681964/zalt_682806/xgxw_682812/t1162763.shtml，2014 -6 -6.

② 《中国对阿拉伯国家政策文件》，中国外交部网站，http：//www.fmprc.gov.cn/web/ziliao_674904/tytj_674911/zcwj_674915/t1331327.shtml，2016 -1 -13.

③ 《中国—阿拉伯国家合作论坛 2016 年至 2018 年行动执行计划》，中国外交部网站，http：//www.fmprc.gov.cn/zalt/chn/dqjbzjhy/t1374586.htm，2016 -6 -23.

国经贸和投资论坛、中国—巴林专场项目对接会；2017 年 3 月，中沙知名企业在中沙投资论坛现场签订了 22 项项目合作谅解备忘录。这些沟通机制均有利于双方劳务合作发展。

亚洲基础设施投资银行（简称亚投行）也成为促进中海劳务合作的重要平台。科威特、阿曼、卡塔尔、沙特阿拉伯、阿联酋均是亚投行创始成员国。2017 年 1 月 16 日，亚投行副行长 D. J. Pandian 与阿曼杜库姆经济特区管委会主席叶海亚·贾比利共同签署贷款协议。亚投行将向阿曼提供 2.65 亿美元贷款，用于杜库姆港商用码头终端建设项目，期限 20 年。这是亚投行首次为港口项目提供贷款，也是首次向阿拉伯半岛国家提供贷款。[①] 亚投行重点支持基础设施建设，可以缓解海合会国家工程建设缺乏资金的困境。

三、新时代中海劳务合作面临的风险和挑战

当前合作共建“一带一路”成为新形势下中国与海湾国家合作的主线。[②]“一带一路”倡议为中国与海合会国家劳务合作的发展提供了巨大机遇，但是中海劳务合作面临的风险和挑战仍然不容忽视。

第一，海湾国家面临不同程度的经济危机，大规模项目建设活动的持续性面临挑战。海合会国家项目建设规模宏大，资金主要来自政府财政及政府基金。但自 2014 年 6 月以来，国际石油价格在短时间内大幅度下跌，海湾国家面临近 10 年来最严重的经济困难，特

① 驻阿曼使馆经商处：《亚投行与阿曼签署杜库姆港有关项目贷款协议》，中国商务部网站，http://www.mofcom.gov.cn/article/i/jyjl/k/201701/20170102503247.shtml，2017 - 1 - 18.

② 杨福昌：《“一带一路”框架下的中国与海合会战略合作》，《阿拉伯世界研究》2015 年第 2 期，第 11 页。

别是政府财政收入大幅缩水，致使海湾国家许多在建的或者规划的项目推迟、停摆甚至取消。如阿联酋联邦铁路二期重新招标到彻底停摆，阿布扎比地铁项目仍然遥遥无期；2016 年 11 月 8 日，阿联酋基础设施发展部长阿卜杜拉·努埃米在迪拜出席会议表示，海合会决定将海湾铁路执行时间由 2018 年推迟至 2021 年。[①] 由于中海劳务合作取决于工程承包业务，海合会国家建设项目的推迟、停摆、取消必然会对双方劳务合作产生直接影响。

第二，海湾国家“本土化”劳务政策不利于外籍劳工进入海合会国家。近年来，海合会国家为了解决本国高失业率问题，纷纷采取“本土化”劳务政策。作为实施劳工“沙特化”政策的组成部分，沙特政府实施 NITAQAT 项目，限制外籍劳工工作许可证数量，对积极雇佣沙特劳工的企业给予特殊优惠和支持；[②] 2013 年 4 月至 11 月，沙特劳工部和内政部遣返了逾 100 万名非法劳工。[③] 阿曼采取劳工“阿曼化”政策，所有本土和外资企业用工必须达到“阿曼化”比例要求，且外籍劳工的工作签证申请较为缓慢。2014 年 5 月，科威特政府出台新政策规定，所有劳工在项目完成后必须返回其本国，不允许完成项目的劳工直接转到其他项目。[④] 阿联酋政府鼓励具

① Alexander Cornwell, “New 2021 Gulf Rail Deadline A ‘Moving Target’ – UAE Minister”, in Thomson Reuters, http: //www. reuters. com/article/gulf – railway – idUSL8N1D93RX, 2016 – 11 – 8.

② Rita O. Koyame – Marsh, “Saudization and the Nitaqat Programs: Overview and Performance”, *Proceedings of Annual South Africa Business Research Conference*, January 11 – 12, 2016, Taj Hotel, Cape Town, South Africa, ISBN: 978 – 1 – 922069 – 95 – 5, pp. 9 – 14.

③ Ian Black, “Saudi Arabia’s Foreign Labour Crackdown Drives Out 2m Migrants”, in The Guardian, https: //www. theguardian. com/world/2013/nov/29/saudi – arabia – foreign – labour – crackdown – migrants, 2013 – 12 – 1.

④ 驻科威特经商参处：《科威特规定外籍建筑工人完成项目后必须回国》，中国商务部网站，http: //kw. mofcom. gov. cn/article/ddfg/laogong/201405/20140500573620. shtml, 2014 – 5 – 6.

备中等以上教育水平的新来劳务，但限制普通劳工进入阿联酋。由于中国进入海合会国家的劳工多是普通劳工，海合会国家“本土化”劳务政策和限制普通劳工的政策致使中国承包公司随带的国内劳动力难以获取签证，而且中国普通劳工面临的风险不断上升。

第三，作为海湾六国劳务市场的后来者，中国企业面临着如何跨越准入壁垒、规避市场风险、形成核心竞争力的严峻考验。海合会国家劳务市场具有规模大、领域宽、标准高、竞争激烈等特点，中国企业参与海合会国家市场竞争面临一系列制度性准入壁垒、结构性准入壁垒与操作性准入壁垒。[①] 首先，海合会国家建筑市场开放度较高，行业竞争激烈，既有来自欧美日韩等国的跨国建设巨头，也有印度、土耳其的区域性企业及本土的实力型承包商，中资企业影响力较小。而且，海合会国家长期以来推崇西方技术标准和产品质量，已经形成固定的欧洲技术标准体系和庞大的既得利益集团，这也在一定程度上削弱了中资企业的竞争优势。其次，中国企业进入沙特市场普遍时间较短、经验不足，多数企业对当地的法律法规、行业标准、技术规范及商业惯例了解掌握不够，项目前期准备和调研不足，企业所走弯路较多。[②] 再次，中国劳工的竞争力面临挑战。当前中海劳务合作的主要业务是施工总承包，长期处于基础设施和产能合作价值链的低端，利润微薄；同时中国劳工基本上属于简单的体力劳动者，技术水平不高，与巴基斯坦、印度、孟加拉国、菲律宾和埃及等国的劳工竞争激烈。随着国内经济不断发展，中国劳工出国务工的期望值日益提高，竞争力下降。以上因素制约了中海

① 肖洋：《中国与海湾六国的工程承包合作》，《阿拉伯世界研究》2014 年第 2 期，第 81—83 页。

② 《对外投资合作国别（地区）指南：沙特阿拉伯》（2016 年版），前言。

劳务合作的进一步展开。

第四，双方政治互信有待加强。首先，中国在海合会国家外交战略中处于边缘化地位。海合会国家的经济合作对象首先是成员国内部，其次是其他阿拉伯国家，然后是原宗主国所在地欧盟和该地区战略主导国美国，包括中国在内的新兴市场国家则可能处在其经济合作对象相对较外围的地位。其次，中国与海湾国家在某些热点问题上存在分歧。如中国和海合会国家在叙利亚危机问题上分歧明显，海湾国家积极支持叙利亚反对派武装，意在推翻巴沙尔政权，最终削弱强邻伊朗；中国主张通过政治途径调解冲突，并三次对联合国安理会涉叙决议投了否决票。海合会国家对中国坚持使用否决票表示不满。再次，欧美国家及印度等新兴市场国家对中国与海合会国家深化政治互信造成较大掣肘。西方将“一带一路”倡议称为“新时代的马歇尔计划”。“西方炮制的‘中国威胁论’‘中国责任论’在阿拉伯世界仍有一定市场”。[①] 因此，中国与海合会国家间的认知存在偏差和误解。

第五，保护中国劳工的生命财产安全和合法权益。确保中国劳工的安全和合法权益是中国与海合会国家展开劳务合作的前提。然而海合会国家安全形势不断恶化，暴恐袭击事件层出不穷。“伊斯兰国”恐怖组织仅在 2015 年就对沙特实施了 15 次恐怖袭击，造成近 50 人死亡，130 多人受伤。中国劳工的合法权益遭受损害的事件时有发生。如 2013 年，由于中国劳务工人对薪酬、工作环境等不满意，在科威特的中资企业发生了 23 起罢工和劳务纠纷事件，涉及

① 朱威烈：《中国与阿拉伯世界需消除认知误区》，《环球时报》2010 年 5 月 14 日，第 14 版。

410 人次。①

四、新时代中国深化中、海劳务合作的对策建议

中海劳务合作持续发展是大势所趋，如何规避风险、应对挑战，则是推动中海劳务合作的关键之所在。面对中海劳务合作面临的各类问题，中国应该采取相应的措施予以解决。

（一）中海应加强产能合作和金融合作，缓解海合会国家的资金短缺和项目停滞问题

首先，通过双边合作机制，积极对接海合会国家的发展战略和区域合作规划，与海合会各国加强沟通、集思广益，各尽所能、各施所长。其次，以丝路基金、亚投行和金砖国家开发银行等多边金融机构为依托，形成一套“利益共享、风险共担”的金融决策机制，为海合会国家建设提供资金支持。再次，积极引导民间力量在海合会国家投资，加速推进 PPP 融资模式，变政府主导为政府、民间双轮驱动；中国企业要充分发挥资金、技术优势，积极探索开展“工程承包 + 融资”“工程承包 + 融资 + 运营”等合作方式，有条件的项目更多采用 BOT、PPP 等方式。第四，加强产能合作，加快推进中沙吉赞经济城工业园区、杜库姆经济特区、多哈新港的建设。

---

① “Briefing on the Environmental Laws and Regulations of Arab Countries”, p. 38, in Greenovation: Hub, http: //www. ghub. org/wp – content/uploads/2015/11/Briefing – on – the – Environmental – Laws – and – Regulations – of – Arab – Countries. pdf, 2015 – 11.

（二）中国劳工输出需要转型升级

工程承包是中国与海合会国家劳务合作中最重要的领域，因此提高对外工程承包的竞争力是劳务合作事业的关键所在。[①] 企业是中国与海合会国家深化劳务合作的主力，因此劳务输出转型升级的关键在于企业：首先，丰富劳务合作形式，扩大工程承包范围。其次，改善劳动力输出结构，提高劳务人员素质，提升劳务人员的层次。再次，政府、企业、行业协会和中介机构多方密切配合，形成“政企联动”模式。

（三）加强机制和制度建设

加强双边合作，开展多层次、多渠道沟通磋商，深化双方劳务合作。首先，充分发挥现有双边合作机制的作用，就劳务合作、投资便利化、产能合作、基础设施建设、项目对接等议题加强沟通和协调，消除制约劳务合作发展的因素，并签订推进和加强劳务合作的协议。其次，充分利用中阿合作论坛，健全多边合作机制。在中阿合作论坛机制下，利用部长会议、企业家大会、专题经贸委员会、能源合作大会、人力资源培训会议等机制，丰富合作形式，推动劳务合作发展。此外，双方尝试通过“一带一路”国际合作高峰论坛，共商合作大计，共建合作平台，共享合作成果，为实现联动发展注入新能量。

---

① 万子溪：《论提高我国工程承包的竞争力》，华东师范大学商学院硕士学位论文，2008 年，第 44 页。

（四）进一步提升政治互信，扩大沟通渠道，为劳务合作创造良好的政治环境和坚实的民意基础

首先，继续加强高层外交，拓展战略伙伴关系。在高层外交方面，中国不仅应保持与本地区的大国高层频繁往来的基础上，还应该加强与本地区的中小国家的高层往来和接触。在发展战略伙伴关系方面，中国与海合会国家应在双边和多边领域提高战略协同层次，落实各种战略伙伴关系。其次，大力拓展政治交往渠道。在主体方面，中国应在强化政府主导地位的同时，充分发挥公民个人、跨国企业、社会组织等民间力量的辅助作用，形成“以民促官、官民结合”的外交新合力。在路径方面，中国应在加强政府外交的同时，统筹政党外交、议会外交、公共外交、民间外交等外交方式，开创全方位、宽领域、多层次的外交新局面，① 促使海合会国家国民对中国更认同、更亲近、更支持。

［参考文献］

顾坚：《中阿关系中的双边认知（1949—2009）》，上海外国语大学国际关系与公共事务学院博士学位论文，2012 年。

中华人民共和国国务院令第 620 号：《对外劳务合作管理条例》，中国法制出版社 2012 年版。

卢倩仪：《政治学与移民理论》，《台湾政治学刊》，第 10 卷第 2 期，2006 年 12 月。

Wayne A. Cornelius, Philip L. Martin, and James F. Hollifield,

① 王发龙：《试析中国海外利益维护的战略框架构建》，《国际展望》2016 年第 6 期，第 46 页。

"Introdution: The Ambivalent Quest for Immigration Contro", in Wayne A. Cornelius et al., (eds.), Controlling Immigration: A Global Perspective, Stanford: Stanford University Press.

George Naufal and Ismail Genc, "Labor Migration in the GCC Countries: past, present and future", Singapore Middle East Papers, Volume 9/2 (June 3, 2014).

驻沙特经商处:《中国企业向沙特输出劳务指南》，中国商务部网站，http://www.mofcom.gov.cn/aarticle/i/dxfw/gzzd/200801/20080105351028.html，2008-1-23。(上网时间：2018年1月10日)

《对外投资合作国别（地区）指南：阿联酋》（2016年版），第31页，中国商务部网站，http://fec.mofcom.gov.cn/article/gbdqzn/upload/alianqiu.pdf，2017-2-6。

《对外投资合作国别（地区）指南：卡塔尔》（2016年版），前言、第20页，中国商务部网站，http://fec.mofcom.gov.cn/article/gbdqzn/upload/kataer.pdf，2017-2-6。

《对外投资合作国别（地区）指南：科威特》（2016年版），第25页，中国商务部网站，http://fec.mofcom.gov.cn/article/gbdqzn/upload/kataer.pdf，2017-2-6。

《对外投资合作国别（地区）指南：阿曼》（2016年版），第28页，中国商务部网站，http://fec.mofcom.gov.cn/article/gbdqzn/upload/kataer.pdf，2017-2-6。

刘毅:《国际劳务合作对中国经济发展的影响研究》，安徽大学经济学院硕士学位论文，2014年4月。

《对外投资合作国别（地区）指南：沙特阿拉伯》(2016年版)。

"Gulf Countries Employ Highest Number of ForeignWorkers", in Daily

Sabah, https: //www. dailysabah. com/business/2016/01/28/gulf – countries – employ – highest – number – of – foreign – workers, 2016 – 1 – 27.

Ibrahim Nafi & Mohamed Rashed, "KSA Opens Overseas Labor Offices", in Arab News, http: //www. arabnews. com/node/1008421/saudi – arabia, 2016 – 11 – 9.

高尚涛:《阿拉伯利益相关者与中国“一带一路”建设》,《现代国际关系》2016 年第 6 期。

Samia Nakhoul, William Maclean and Marwa Rashad, "Saudi Prince Unveils Sweeping Plans to End 'Addiction' to Oil", in Thomson Reuters, http: //www. reuters. com/article/us – saudi – economy – idUSKCN0XM1CD, 2016 – 4 – 25.

Nasser Saidi, "Saudi Arabia's Shock Therapy", in The Hong Kong Economic Journal, http: //www. ejinsight. com/20160928/, 2016 – 9 – 28;

李慧:《沙特“去石油化”起航》,《中国能源报》2016 年 6 月 13 日。

"Inclusive and Sustainable Industrial Development in Arab Region", p. 12, in United Nations Industrial Development Organization, https: //isid. unido. org/files/ISID/UNIDO_in_Arab_Region. pdf, 2017 – 1 – 20.

Maya El Assaad, "Economic Cities: Opening Vistas of Growth in the Kingdom of Saudi Arabia", pp. 8 – 9, in Ernst & Young Global Limited, http: //www. ey. com/Publication/vwLUAssets/ey – economic – cities – wave – of – growth – in – saudi – arabia/ $FILE/ey – economic – cities – wave – of – growth – in – saudi – arabia. pdf, 2015 – 1 – 26.

"Qatar Is the Second Most Attractive Market in the world for Investment in Infrastructure", in Qatar Gulf News, http: //www. qatar –

gulfnews. com/qatar – is – the – 2nd – most – attractive – market – in – the – world – for – investment – in – infrastructure/, 2017 –2 –20.

"Kuwait MPs Pass $116 Billion Development Plan", in Your Middle East, http: //www. yourmiddleeast. com/business/kuwait – mps – pass – 116 – billion – development – plan_29838, 2015 –2 –12.

"Oman's Ninth Five – Year Development Plan (2016 –2020): Prudent and Realistic Goals", in Oman Arab Bank, http: //www. marketstoday. net/includes/download. php? file = rr_18012016114554. pdf&lang = en&s =4464&m = research, 2017 –3 –3.

Ulf Laessing and Cynthia Johnston, "Gulf States Launch $20 Billion Fund for Oman and Bahrain", in Thomson Reuters, http: //www. reuters. com/article/us – gulf – fund – idUSTRE7294B120110310, 2011 –3 –10.

"Gulf States 'Need Innovative Funding Solutions to Keep up Capital Spending'", in Arab News, http: //www. arabnews. com/economy/news/878606, 2016 –9 –11.

刘旭颖:《中国与海湾国家合作能否再提速》,《国际商报》2016年8月25日,第A04版。

中国商务部驻阿拉伯联合酋长国经商参处:《海合会六国2013 –2020年在建建筑项目造价将达9千亿美元》,中国商务部网站,http: //ae. mofcom. gov. cn/article/jmxw/201309/20130900291803. shtml, 2013 –9 –8。

Neha Bhatia, "S&P: GCC Project Funds for 2019 Short by $270bn", pp. 5 –7, in Construcion Week Online, http: //www. constructionweekonline. com/article –37444 – sp – gcc – project – funds – for – 2019 – short – by –270bn/, 2016 –2 –14.

"Middle East And North Africa Infrastructure Report", in BMI Research, http://store.bmiresearch.com/middle-east-and-north-africa-infrastructure-report.html? ito=620&itq=9e010ca7-3b18-4653-b99e-7256b9a64269&itx%5Bidio%5D=2573997, 2016-11-15; "MENA Infrastructure: Key Themes For 2017", in BMI Research, http://www.bmiresearch.com/articles/mena-infrastructure-key-themes-for-2017? ito=702&itq=4bed5f27-41ac-4128-bdc1-4bc0c66d92fc&itx%5Bidio%5D=2573997, 2017-1-19.

Neha Bhatia, "S&P: GCC Project Funds for 2019 Short by $270bn".

尹继武:《共识的国际战略效应：一项理论性探讨》,《国际安全研究》2016年第1期。

郭朝先、邓雪莹、皮思明:《"一带一路"产能合作现状、问题与对策》,《中国发展观察》2016年第6期。

Helen Milner, "International Theories of Cooperation Among Nations: Strengths and Weakness", World Politics, vol. 44, No. 3, April, 1992.

驻卡塔尔使馆经商处:《中卡互换〈关于规范卡塔尔雇佣中国劳务人员的协议〉的批准文件》，中国商务部网站，http://www.mofcom.gov.cn/aarticle/i/jyjl/k/201109/20110907761486.html, 2011-9-28。

吕可丁:《沙特扩大劳工输出国　中国首次成为劳务合作国》，环球网，http://world.huanqiu.com/exclusive/2014-12/5227821.html, 2014-12-5。

《对外投资合作国别（地区）指南：沙特阿拉伯》（2016年版）。

《沙特阿拉伯和中国签署了建设10万套住宅项目》，搜狐网，http://mt.sohu.com/20160905/n467637229.shtml, 2016-9-5。

《沙特国王萨勒曼访华获650亿美元协议》，中国日报网，http：//caijing. chinadaily. com. cn/2017－03/21/content_28640659. htm，2017－3－21。

王水平：《深度融合　共建共赢——“一带一路”的天然重要伙伴阿拉伯国家（下）》，《光明日报》2015年4月27日，第1版。

《中国—阿拉伯国家合作论坛第六届部长级会议北京宣言》，中国外交部网站，http：//www. fmprc. gov. cn/web/gjhdq_676201/gjhdqzz_681964/zalt_682806/xgxw_682812/t1162763. shtml，2014－6－6。

《中国对阿拉伯国家政策文件》，中国外交部网站，http：//www. fmprc. gov. cn/web/ziliao_674904/tytj_674911/zcwj_674915/t1331327. shtml，2016－1－13。

《中国—阿拉伯国家合作论坛2016年至2018年行动执行计划》，中国外交部网站，http：//www. fmprc. gov. cn/zalt/chn/dqjbzjhy/t1374586. htm，2016－6－23。

驻阿曼使馆经商处：《亚投行与阿曼签署杜库姆港有关项目贷款协议》，中国商务部网站，http：//www. mofcom. gov. cn/article/i/jyjl/k/201701/20170102503247. shtml，2017－1－18。

杨福昌：《“一带一路”框架下的中国与海合会战略合作》，《阿拉伯世界研究》2015年第2期。

驻科威特经商参处：《科威特规定外籍建筑工人完成项目后必须回国》，中国商务部网站，http：//kw. mofcom. gov. cn/article/ddfg/laogong/201405/20140500573620. shtml，2014－5－6。

肖洋：《中国与海湾六国的工程承包合作》，《阿拉伯世界研究》2014年第2期。

《对外投资合作国别（地区）指南：沙特阿拉伯》（2016年

版），前言。

朱威烈:《中国与阿拉伯世界需消除认知误区》，《环球时报》2010 年 5 月 14 日，第 14 版。

“Briefing on the Environmental Laws and Regulations of Arab Countries”, p. 38, in Greenovation: Hub, http://www.ghub.org/wp-content/uploads/2015/11/Briefing-on-the-Environmental-Laws-and-Regulations-of-Arab-Countries.pdf, 2015-11.

万子溪:《论提高我国工程承包的竞争力》，华东师范大学商学院硕士学位论文，2008 年。

王发龙:《试析中国海外利益维护的战略框架构建》，《国际展望》2016 年第 6 期。

新时代中国与太平洋岛国经济合作：动力与影响

鲁　鹏*

2014 年，国家主席习近平在斐济同太平洋岛国领导人举行集体会晤时就表示，中方提出建设“21 世纪海上丝绸之路”倡议，我们真诚希望同各岛国分享发展经验和成果，真诚欢迎岛国搭乘中国发展的快车。[①] 2015 年 3 月，由发改委、外交部、商务部联合发布的《推动共建丝绸之路经济带和 21 世纪海上丝绸之路的愿景与行动》中明确指出，21 世纪海上丝绸之路重点方向是从中国沿海港口过南海到印度洋，延伸至欧洲；从中国沿海港口过南海到南太平洋，这标志着中—南（太平洋）区域合作将进入一个全新的轨道。[②] 2019 年 10 月 9 日，所罗门群岛国与中国正式签订“一带一路”谅解备忘录，这是南太地区第九个正式加入到共建“一带一路”倡议行列的

* 作者简介：鲁鹏，中共武汉市委党校讲师，法学博士。

① 《习近平同太平洋岛国领导人举行集体会晤并发表主旨讲话》，《人民日报》，2014 年 11 月 23 日 01 版。

② 《推动共建丝绸之路经济带和 21 世纪海上丝绸之路的愿景与行动》，商务部网站，http：//zhs. mofcom. gov. cn/article/xxfb/201503/20150300926644. shtml。（上网时间：2019 年 1 月 2 日）

岛国。[①] 在次日两国元首会见中，习近平主席在会见所罗门群岛国总理索加瓦雷时指出，所罗门群岛位于21世纪海上丝绸之路南向延伸地带，两国要以签署“一带一路”谅解备忘录为契机，加强发展战略对接，扩大合作，助力提升所方民生水平和自主可持续发展能力。[②] 可以说，随着“一带一路”倡议的推进，中国同南太各国的合作不断升温，越来越多的南太国家加入到中国同太平洋岛国合作的大家庭。“一带一路”倡议为中国同南太平洋各国双边和多边合作增添了新的动力，对中国和地区各国发展具有重要意义。

一、新时代中国同南太国家经济合作的新动力

“一带一路”倡议在南太地区的实践，不仅为中国同太平洋岛国双边关系的发展注入新的活力，而且为进一步深化中国同南太区域合作带来新的机遇，为双方在经济、政治、教育文化等方面合作增添新动力。

（一）为中南区域经济合作提供动力

南太平洋是世界上面积最大的区域，虽然其土地面积仅为550万平方千米，但是该地区总面积达到3亿平方千米，广袤的海洋成为南太地区国家的潜在财富。但域内国家大多国力羸弱，缺乏基本的发展要素，如资金、技术及基础设施等，因此暂时南太岛国在世

① 其他的八个国家分别是：巴布亚新几内亚、萨摩亚、纽埃、斐济、密克罗尼西亚、库克群岛、汤加和瓦努阿图。

② 《习近平会见所罗门群岛总理索加瓦雷》，《人民日报》，2019年10月10日第01版。

界经济发展的浪潮中处于弱势地位。自20世纪90年代开始，中国与其他国家就一直在为南太地区的发展贡献着力量，但以援助为主无法解决岛国的根本问题。“一带一路”倡议的提出为解决岛国联通世界、社会发展等问题带来了机遇。“一带一路”倡议从基础设施建设入手，实现区域之间的互联互通，不仅提升了中国与南太地区之间的经贸水平，同时增强了岛国与世界其他地方的联系与交流。同时，在“一带一路”框架下，中国还为南太国家提供更为优惠的政策，促进中南（太平洋）地区的经贸发展。据统计，2010—2014年，中南（太平洋）进口贸易增长37.54%，出口贸易增幅达68.5%。2014年，习近平主席在访问太平洋岛国时宣布，中国为太平洋岛国最不发达国家97%税目的输华商品提供零关税待遇，① 未来中国也将为南太岛国提供更多的有利政策。2015年，太平洋岛国出口到中国的商品总价值已由200万美元上升至250万美元，同年中国出口太平洋岛国贸易总额翻倍，由2014年的250万美元上升至500万美元。②

同时，南太区域各国可以通过“亚洲基础设施投资银行”所提供的资金，为地区发展注入活力。目前，南太地区最大岛国——巴布亚新几内亚已经加入“亚投行”。同时这些国家还可利用中国在“一带一路”倡议下的合作项目不断推进该地区的基础设施建设，实现南太地区的互联互通。正如中国常驻联合国代表马朝旭大使在“‘一带一路’倡议和2030年可持续发展议程”高级别研讨会上所

① 《习近平同太平洋岛国领导人举行集体会晤并发表主旨讲话　构建相互尊重、共同发展的战略伙伴关系　共圆发展繁荣和谐之梦》，新华网，http：//www.xinhuanet.com/politics/2014－11/22/c_1113361879.htm。

② People's Republic of China，Pacific Islands Forum Secretariat，http：//www.forumsec.org/peoples－republic－china/

言，中国将根据太平洋岛国的需要，提供能力建设帮助和支持。[①] 目前，中国已在斐济、巴布亚新几内亚和瓦努阿图开展基础设施建设，提升岛国间互联互通的能力。中国还将继续提供资金，为南太区域合作的各项事业，特别是各岛国建设港口综合开发、乡村边远地区信息化建设等项目提供支持。2017 年，太平洋岛国论坛秘书长泰勒同外交部长王毅会面时就高度评价了中国的国际影响力和“一带一路”倡议，并表示论坛珍视同中国的伙伴关系，愿与中方共同努力，推动双方各领域交流与合作不断走向深入。[②] 除此之外，中国还积极发展同南太地区内其他区域合作组织的对话合作，如参与太平洋岛国发展论坛对话和援助美拉尼西亚先锋集团等。

（二）为中国同南太各国教育文化合作提供动力

中国同南太地区有着深厚的文化和历史渊源。早在五千年前定居大洋洲的土著居民中有部分群体在语言上与中国台湾地区存在一定关系；而台湾原住民同波利尼西亚、密克罗西亚及美拉尼西亚的原住民也存在着关联。[③] 19 世纪开始，中国劳工陆续被招募到南太地区，而且他们中的很大一部分留在了当地，形成规模不大但却较为重要的华人社区。他们为中国同南太地区文化交流奠定了坚实的基础。在新的历史时期，伴随着“一带一路”倡议的推进，越来越

---

① 《马朝旭：全面落实“一带一路”高峰论坛成果，实现各国共同发展和共同繁荣》，人民网，http：//world. people. com. cn/n1/2018/0614/c1002 – 30057911. html。（上网时间：2019 年 1 月 2 日）

② 《王毅外长会见太平洋岛国论坛秘书长泰勒》，外交部网站，https：//www. fmprc. gov. cn/web/wjbzhd/t1447742. shtml。（上网时间：2019 年 1 月 2 日）

③ John Henderson，Benjamin Reilly，Dragon in Paradise：China's Rising Star in Oceania，*The National Interest*（*Summer* 2003），p. 98.

多的中国企业、中国游客来到南太平洋，这为加强中南（太平洋）文化交流和推动中华文化与南太海洋文化的互学互鉴带来新的动力。双方的交流与合作，不仅加深了中国对南太地区特别是太平洋岛国的认识，而且帮助当地居民提升了对外部世界的认知与了解。2015年12月15日，斐济中国文化中心在苏瓦揭牌，该中心的成立将引起斐济及其他南太国家了解中国的兴趣，同时也为增进中斐两国人民相互了解，加强中国与南太地区的友好关系发展做出积极贡献。①2019年4月1日，2019“中国—太平洋岛国旅游年”在萨摩亚开幕，习近平主席向开幕式致贺词时强调，希望双方以此为契机，扩大文化交流和人员往来，促进务实合作，加深相互了解，夯实双方全面战略伙伴关系民意基础，为中国人民和太平洋岛国人民带来更多福祉。②

除此之外，在中南（太平洋）共建“一带一路”的背景下，加强双边经贸合作客观上也需要人才的支撑。对于岛国来说，其教育、管理和治理方面的人才储备相对薄弱，无法适应新环境的需要。因此，帮助岛国提升教育能力，增强治理水平成为中国与南太区域合作新的动力。2014年习近平主席访问南太期间，中方承诺中国为太平洋岛国提供2000个奖学金和5000个各类研修培训名额，并继续派遣医疗队到有关岛国工作，鼓励更多中国游客赴岛国旅游。③ 近年来，双方的人文交流蓬勃开展。中国已在斐济开设太平洋岛国地区

① 《斐济中国文化中心正式揭牌》，外交部网站，https：//www.fmprc.gov.cn/web/zwbd_673032/gzhd_673042/t1324740.shtml。（上网时间：2019年1月2日）

② 《习近平向2019“中国—太平洋岛国旅游年”开幕式致贺词》，《人民日报》，2019年04月02日01版。

③ 《习近平同太平洋岛国领导人举行集体会晤并发表主旨讲话　构建相互尊重、共同发展的战略伙伴关系　共圆发展繁荣和谐之梦》，新华网，http：//www.xinhuanet.com/politics/2014－11/22/c_1113361879.htm。（上网时间：2019年1月2日）

首家孔子学院，在瓦努阿图、库克群岛等岛国则开设了汉语课堂。[①]同时，中国一些高校还设立专题培训班培训南太地区工作人员，这不仅可以提升南太地区国家治理水平，而且有利于加强他们对中国的了解与认识。如广州外语外贸大学自 2015 年起就承办了太平洋岛国高级公务员培训班，第四期培训班成员还参观访问了广东省人大常委会，以了解我国政治体制及人大运作情况。[②] 可以说，“一带一路”倡议对于促进民心相通给予了极大重视。南太各国在参与“一带一路”倡议的过程中，也将扩大中国同自身在教育、文化、旅游等更广泛领域的合作，增进双方的了解与认知，为今后“由点及面”的南太区域合作关系发展奠定坚实的人文基础。

二、新时代中国同南太国家经济合作对中国的重要意义

长期以来，太平洋岛国因其薄弱的国力和地缘上的孤立状态而处于国际舞台的边缘位置。但随着国际形势的变化，这些国家因独特的地理位置和丰富的海洋资源越来越受到世界各国的关注。作为中国东南周边的边沿地带，它们将成为中国周边战略的重要组成部分与合作伙伴，而“一带一路”倡议的推进将促进中国与南太地区各国，特别是岛国之间的合作与发展。

① 《太平洋岛国可以借“一带一路”圆发展梦》，新华网，http：//www. xinhuanet. com/world/2017 -05/11/c_129601673. htm。(上网时间：2019 年 1 月 2 日)

② 《第四期太平洋岛国公务员培训班学员到访省人大参观交流》，广东人大网，http：//www. gdrd. cn/rdgzxgnr/cwhgzjg/wsgzwyh/hdbd/201710/t20171025_161104. html。(上网时间：2019 年 1 月 2 日)

（一）太平洋岛国将是中国周边重要的合作伙伴

中国一直致力于同周边国家建立良好的合作关系。这不仅维护了地区稳定，而且为包括中国在内的地区各国提供了发展机遇。自20世纪70年代以来，中国一直高度重视发展同太平洋岛国之间的关系。在秉持互利共赢的原则下，太平洋岛国已成为中国在南太平洋地区重要的合作伙伴。政治上，中国和岛国视彼此为真诚朋友和友好伙伴，中国一直为该地区的发展提供力所能及的帮助，而岛国在涉及中国核心利益和重大关切问题上也长期给予中方宝贵的支持。2018年11月，习近平主席同八个建交岛国领导人和官员进行集体会晤，双方一致同意将中国和太平洋岛国关系提升为相互尊重、共同发展的全面战略伙伴关系。这为进一步深化中国同岛国的互利合作提供了政治保障。经济上，中国同岛国经济合作正进入一个发展的快车道。2015年3月，由发改委、外交部、商务部联合发布的《推动共建丝绸之路经济带和21世纪海上丝绸之路的愿景与行动》明确指出，21世纪海上丝绸之路重点方向是从中国沿海港口过南海到印度洋，延伸至欧洲；从中国沿海港口过南海到南太平洋，这标志着中国同太平洋岛国之间的经贸合作进入一个新的轨道。目前，9个同中国建立外交关系的岛国均与中国签订了“一带一路”合作备忘录。同时，中国已成为太平洋岛国主要的贸易伙伴之一。据中国海关统计，2017年，中国和太平洋岛国地区双边贸易额达82亿美元，同比增长1.8%。其中，中国对岛国地区出口47.2亿美元，同比下降13.8%；从岛国地区进口34.8亿美元，同比增长34.9%。[①] 除此之

① 《与太平洋岛国共建“一带一路”的四个超越》，《中国海洋报》，2018年11月29日，第02b版。

外，中国还在文化教育、卫生医疗等领域同岛国加强合作，以增进双方了解，为更好地实现双方合作打下基础。

（二）太平洋岛国将是中国走入远洋的支点和中转站

建设海洋强国是中国特色社会主义事业的重要组成部分。2018年6月12日，习近平总书记在青岛海洋科学与技术试点国家实验室考察时强调，海洋经济发展前途无量。建设海洋强国，必须进一步关心海洋、认识海洋、经略海洋，加快海洋科技创新步伐。位于太平洋中心地带的岛国将是中国走出近海，走向远洋的重要支点和中转站，它们对中国未来海洋事业的发展具有重要的意义。在共建“一带一路”倡议的基础上，太平洋岛国将提升同世界其他地方的联系，提升互联互通的能力，这将为中国的海洋事业发展提供机遇。经济层面，太平洋岛国地区位于世界重要的海洋航运线上，是连接东亚和拉丁美洲的必经之路。长远来看，岛国将是中国同拉美国家共建“一带一路”倡议、发展中拉贸易的战略支点与中转站；而在海洋科考层面，岛国地区是世界上海洋生物最为密集和丰富的区域之一，同时该地区毗邻南极洲，是南极科考的前哨阵地和补给站。因此，岛国地区将是我国未来认识海洋、研究海洋，探索极地的重要支点。

（三）太平洋岛国地区是中国参与全球治理的重要组成部分

当前全球面临着“三大赤字”，即和平赤字、发展赤字、治理赤字。中国提出“一带一路”倡议，就是要立足“人类命运共同体”，推动各国各领域互联互通，共同发展，共享繁荣，从根本上铲除导致这些赤字的根源，这也是中国为全球治理提供的基本方案。作为一个世界大国和世界上最大的发展中国家。中国一方面收获了全球治理体系带来的红利；另一方面，在面对全球性问题时，也要为完善全球治理提供中国方案、中国智慧。这是作为一个负责任大国的职责之所在。长期以来，太平洋岛国地区深受各种全球性问题的困扰，如气候变化、海洋污染、跨国犯罪等，这些问题一方面由岛国的国力和地缘位置所决定，另一方面也由全球化快速发展所引起。作为世界上最广阔的海洋区域，对该地区的治理不仅关系到该地区域内的发展与稳定，也影响着域外各地区的利益。从20世纪70年代起，南太域内国家和各西方大国都曾为地区岛国提供相应的治理方案，但效果并不明显。21世纪以来，中国积极参与岛国地区治理，特别是同南太各岛国共建“一带一路”，为该地区治理贡献力量。这不仅是在帮助岛国破解发展难题，也是在全球治理体系中提供中国方案，更是我们构建“人类命运共同体”的题中应有之义。

三、新时代中国同南太国家经济合作给南太各国带来的影响

随着“一带一路”倡议的不断推进，该倡议也给南太地区各国带来巨大影响，对于太平洋岛国来说，共建“一带一路”不仅让它们找到新的发展机遇，同时也为它们提升地区话语权带来契机。

（一）为太平洋岛国发展提供另一种方案

发展问题一直是困扰太平洋岛国的一个核心议题。一方面，地

缘孤立使得太平洋岛国难以同世界其他发达地区相连接，甚至岛国间交往也存在困难。另一方面，岛国国力薄弱，难以参与到世界经济全球化的浪潮之中。自20世纪90年代开始，传统上对该地区有影响力的西方国家为岛国提供了方案和帮助，促使岛国们有限度地融入到全球经济的发展之中，特别是21世纪初在澳大利亚、新西兰和亚洲开发银行的帮助下制定的“太平洋计划”（Pacific Plan）成为岛国在21世纪里地区发展的中心蓝图。但2013年出版的《太平洋计划评估》中却指出，“计划”执行近10年来太平洋岛国发展依旧缓慢，远远落后于世界上其他同类国家。这主要是因为这些发展方案或计划并不符合太平洋岛国的发展实际，并没有注重岛国的实际需求，而侧重于将岛国内外政策塑造得更符合它们的需求。2014年，国家主席习近平在斐济同太平洋岛国领导人举行集体会晤时表示，中方提出建设“21世纪海上丝绸之路”倡议，我们真诚希望同各岛国分享发展经验和成果，真诚欢迎岛国搭乘中国发展的快车。中国从岛国需要的核心入手，帮助岛国提升发展力。一方面，根据不同岛国的现实情况，完善基础设施建设，增强岛国同世界其他地区联系的能力，为太平洋岛国之间、岛国同其他地区之间互联互通奠定基础。正如太平洋岛国论坛秘书长梅格·泰勒所说，将“21世纪海上丝绸之路”延伸至蓝色太平洋，可以为南太平洋地区基础设施建设提供机会，从而激发亚洲、太平洋和拉丁美洲之间新的贸易投资。① 另一方面，中国也为太平洋岛国带来巨大的市场，提升了岛国的经贸收益，为经济社会发展提供支持。

---

① 《太平洋岛国论坛秘书长梅格·泰勒：深化对华合作机不可失》，《经济日报》，第16版。

（二）为地区环境治理带来新的机遇

地区环境治理是困扰太平洋岛国的另一个重要问题。随着全球化问题的日益突出，太平洋岛国越来越不能依靠自身来解决地区环境问题，尤其是解决与之相关的海洋治理和气候变化议题。长久以来，太平洋岛国依赖于借助澳大利亚和新西兰的资源来提升地区影响力和治理能力。但作为发达国家的澳新两国与其他太平洋小岛国利益有别，使得它们难以在气候变化和海洋治理等方面完全达成一致。在国际舞台上，由于内部难以统一，太平洋岛国越来越难以地区整体的形式来发挥影响力。由于缺乏资金、技术和影响力，岛国在地区环境治理上日渐乏力。近年来，中国不断为太平洋地区治理提供帮助，使岛国地区治理迎来了新的机遇。经济治理上，岛国积极参与“一带一路”经济合作倡议提升发展能力；在地区环境保护和气候治理上，中国不仅为岛国提供资金援助，还在国际场合支持岛国关于地区治理的方案，提升岛国影响力，如中国承诺绿色低碳发展和实现2030可持续发展目标，以此给予岛国坚定支持。同时，根据岛国的实际情况，提出共建一个“绿色、智慧和健康”的丝路。除此之外，中国还为岛国提供相关节能环保等技术，以促进太平洋岛国的可持续发展。

（三）为太平洋岛国话语权的提升带来契机

传统上，南太平洋地区一直被视为西方大国的势力范围，这是因为几乎所有的南太平洋岛屿都曾经是西方大国的殖民地或属地。虽然自20世纪60年代以来，越来越多的太平洋岛国走向独立，但由于这些岛国在政治、经济、文化等领域深受原宗主国的影响，加之国力有限，独立后的岛国均需要原宗主国提供帮助。但西方大国对于太平洋岛国的关注与重视程度却主要取决自身在该地区的利益。冷战时期，两极对抗，西方殖民大国同澳新一道支持太平洋岛国发展，以遏制苏联势力渗透到南太平洋地区。冷战后，随着两极体系不复存在，西方大国逐渐减少了对南太平洋地区的关注，美国甚至关闭了该地区的部分驻外机构，削减对岛国的援助。虽然西方国家在发展上会给予太平洋岛国一定的支持，但是也会利用优势地位或援助来强迫太平洋岛国进行国内改革。岛国虽有不满，但也别无选择。进入 21 世纪以来，随着中国在太平洋地区影响力的不断提升，太平洋岛国视中国的援助与发展方案为一种有效补充，这些国家在援助和发展方案上逐渐有了不同的选择。但这里需要指出的是，太平洋岛国并不是要用新的援助国去替代原有的援助国家，而是将以中国为代表的“新兴”援助国所提供的资金和方案视为可供选择的补充，哪一国的方案能够实际促进发展才是它们做出选择的关键。可以说，中国在该地区影响力的提升改变了太平洋岛国在域内的弱势地位，为岛国在自身发展道路的选择上赢得了话语权。

当然，在同岛国共建“一带一路”的进程中，我们也面临着一些风险，如域内大国澳大利亚与新西兰对于中国同太平洋岛国共建“一带一路”存在着疑虑，对中国在该地区影响力的扩大有所担忧。再如，域内外其他国家也逐渐重视同南太各国建立关系，既有美国、法国、日本这样的发达国家，也有印度、印度尼西亚这样的发展中国家，这些国家都在不同程度上制定了“南太政策”，以强化同地区国家之间的关系。面对这些风险，中国应该加强同有关国家的沟通与协助，展开在“一带一路”倡议下的“第三方合作”，共同推进太平洋岛国与南太地区的发展。

四、总 结

2019年10月21日，习近平主席在给第三届中国—太平洋岛国经济发展合作论坛召开的贺信中强调，举办第三届中国—太平洋岛国经济发展合作论坛是我同太平洋岛国领导人达成的重要共识，希望双方充分利用这一重要平台，加强对话、交流、合作，推动双方合作取得更大发展。[①] 中国同太平洋岛国共建“一带一路”也正是为了推进这一目标。虽然，近年来一些西方国家在援助、岛国债务以及“一带一路”倡议在南太发展等议题上指责中国，但正如瓦努阿图总理议会秘书约翰尼·科纳波所说：“有一种观点认为，中国对太平洋岛国地区的帮助将使岛国背负沉重的债务负担，这是典型的西方人的陈词滥调。一些人并没有足够重视中国对太平洋岛国地区发展所发挥的积极作用”。纵观中国同太平洋岛国交往的历史，双方都非常重视彼此的需求。对于太平洋岛国来说，中国影响力的提升为岛国实现发展提供了机遇；对于中国来说，保持同太平洋岛国的友好合作则保障了中国大周边地区的安全与稳定。

[参考文献]

《习近平同太平洋岛国领导人举行集体会晤并发表主旨讲话》，《人民日报》，2014年11月23日01版。

《推动共建丝绸之路经济带和21世纪海上丝绸之路的愿景与行

① 《习近平向第三届中国—太平洋岛国经济发展合作论坛致贺信》，《人民日报》，2019年10月22日第1版

动》，商务部网站，http：//zhs. mofcom. gov. cn/article/xxfb/201503/20150300926644. shtml。

《习近平会见所罗门群岛总理索加瓦雷》，《人民日报》，2019 年 10 月 10 日第 01 版。

《习近平同太平洋岛国领导人举行集体会晤并发表主旨讲话　构建相互尊重、共同发展的战略伙伴关系　共圆发展繁荣和谐之梦》，新华网，http：//www. xinhuanet. com/politics/2014 – 11/22/c _ 1113361879. htm。

People's Republic of China，Pacific Islands Forum Secretariat，http：//www. forumsec. org/peoples – republic – china/.

《马朝旭：全面落实“一带一路”高峰论坛成果，实现各国共同发展和共同繁荣》，人民网，http：//world. people. com. cn/n1/2018/0614/c1002 – 30057911. html。

《王毅外长会见太平洋岛国论坛秘书长泰勒》，外交部网站，https：//www. fmprc. gov. cn/web/wjbzhd/t1447742. shtml。

《习近平同建交太平洋岛国领导人举行集体会晤并发表主旨讲话》，《人民日报》，2018 年 11 月 17 日 01 版。

祁怀高、石源华，中国的周边安全挑战及大周边外交战略，《世界经济与政治》，2013 年第 6 期。

John Henderson，Benjamin Reilly，Dragon in Paradise：China's Rising Star in Oceania，The National Interest（Summer 2003）.

《斐济中国文化中心正式揭牌》，外交部网站，https：//www. fmprc. gov. cn/web/zwbd_673032/gzhd_673042/t1324740. shtml。

《习近平向 2019“中国—太平洋岛国旅游年”开幕式致贺词》，《人民日报》，2019 年 04 月 02 日 01 版。

《习近平同太平洋岛国领导人举行集体会晤并发表主旨讲话　构建相互尊重、共同发展的战略伙伴关系　共圆发展繁荣和谐之梦》，新华网，http：//www.xinhuanet.com/politics/2014－11/22/c_1113361879.htm。

《太平洋岛国可以借“一带一路”圆发展梦》，新华网，http：//www.xinhuanet.com/world/2017－05/11/c_129601673.htm。

《第四期太平洋岛国公务员培训班学员到访省人大参观交流》，广东人大网，http：//www.gdrd.cn/rdgzxgnr/cwhgzjg/wsgzwyh/hdbd/201710/t20171025_161104.html。

《与太平洋岛国共建“一带一路”的四个超越》，《中国海洋报》，2018年11月29日，第02b版。

《太平洋岛国论坛秘书长梅格·泰勒：深化对华合作机不可失》，《经济日报》，第16版。

《习近平向第三届中国—太平洋岛国经济发展合作论坛致贺信》，《人民日报》，2019年10月22日第1版。

中国与白俄罗斯人文交流：历程、成就与特点

张　涛*

在全球化进程中，两国外交的主要目的之一是建立长期有效、互相包容的双边关系。人文交流，是最直接、最能拉近两国关系的重要形式之一，是以文化艺术交流、国际教育和科技协作为基础的。中国与白俄罗斯交流往来的历史源远流长，两国曾在两千年前的古代“丝绸之路”就有密切的联系，两国人民都特别重情尚义。中国和白俄罗斯自从正式建交以来，大致经历了接触探索期、友好合作期以及加速发展期三个阶段。如今，随着“一带一路”倡议的提出，中国和白俄罗斯这两不同文化类型的国家之间的合作将会更加密切，而人文交流已成为中白关系中的重要一环。

一、中白人文交流的历程

1991 年 12 月，白俄罗斯共和国正式恢复国家主权。中国是最早

* 作者简介：张涛，四川外国语大学国际关系学院 2017 级外交专业学生。

承认白俄罗斯共和国地位的国家之一，1992 年 1 月 20 日中国与白俄罗斯在北京签订了《中华人民共和国和白俄罗斯共和国建交协议》，中白两国正式建交，两国之间友好往来由此拉开帷幕。白俄罗斯从 20 世纪末剧烈的社会动荡中崛起，是中国面向 21 世纪的全面战略伙伴。同时，中白两国有着悠久的文化交流历史。同时，白俄罗斯是"一带一路"倡议沿线重要的枢纽国家，扮演着十分重要的角色。

新时期，为拓宽多边人文交流的领域提供借鉴，探索可持续发展的未来合作空间，回顾和梳理中国同白俄罗斯之间的人文交流的历史脉络和历史成就，具有举足轻重的学术和实践价值。

20 世纪 90 年代初期苏联解体，白俄罗斯同其他加盟国一样，国家内部都经历了一定时期的政治动乱。白俄罗斯国内发生的动乱并未持续较长时间，也因此成为苏联加盟国中政治稳定、经济繁荣的国家，与中国的人文交流也在政府的主导下一步一个脚印，扎实推进。中白人文交流的发展大致可以划分为以下三个阶段：

（一）接触探索期（1992—1994 年）

1992—1994 年，白俄罗斯刚刚独立。这个时期白俄罗斯国内非常混乱，经济萧条、社会动荡。但是尽管如此，中白两国政府高度重视并积极推动人文交流。1992 年 11 月 25 日，中白两国于北京签属文化合作协议。这是中白第一份具有法律效力的文化合作协议。双方同意在平等互利原则的基础上，鼓励和支持两国在文化、教育、社会科学等方面进行合作和交流。

国家教委副主任柳斌率团于 1993 年 6 月赴白俄罗斯，与白俄罗斯教育部长就学校之间的双边教育交流与合作及其发展事宜签署了《双边教育合作协议》。此次协议是中白两国首份建立高等学校教育合作关系的协议，为中白双方以及后续高等学校的合作打下良好基础。而后，时任白俄罗斯教育部长盖肖诺克大臣率团于10月15日赴华，柳斌会见了白方代表团。

1993年3月18日，白俄罗斯在山西太原的一栋外交办公大楼里开设大使馆，而后迁至北京。白方驻华使馆的开设，更加便利中白之间开展合作交流、密切两国的联系、深化两国的关系。

（二）友好合作期（1994—2013年）

1994年，白俄罗斯的国体转变为总统制。同年7月，亚历山大·格里戈里耶维奇·卢卡申科成功当选首任总统，任期五年。此后，白俄罗斯国内政治环境不断稳定，社会趋于安定，中白两国之间的各项合作也陆续开展。两国政府高度重视且珍惜与彼此的关系，互访十分频繁，也由此带动了民间团体交流互动，其中包括高校和研究所、科研机构、企业等。

白俄罗斯总统卡申科于1995年1月应邀访华。双方在友好与信任的氛围中举行了会面与会谈，就进一步发展和加深合作达成《联合声明》，并承认相互学习语言的重要意义。双方还在电子技术领域合作等方面达成共识。

2001年4月22—24日，卢卡申科总统再次访华，并签署《联合声明》，指出中白在科学、人文等多个领域已经有效地建立起了互利合作的法律依据和组织机构等，如中白科技合作委员会、《中白司法合作协议》等。此后双方继续扩大合作，为21世纪中白人文交流与合作提供更加广阔的前景。2001年7月，江泽民主席作为国家元首第一次出访白俄罗斯。双方肯定了两国建交10年来在政治、经贸和文化等领域取得的成果，并表示将以更加美好的姿态迎接21世纪。

2005 年 12 月，应胡锦涛主席的邀请，卢卡申科总统访华。两国签署《联合声明》，中白关系进入全面发展和战略合作的新阶段。双方表示，两国本着互惠互利的原则，继续深化人文交流与加强民间团体互动，通过开展“科技日”、互办“文化日”等新型人文交流方式，进一步促进两国人民之间的相互了解，加深两国友谊。

中白两国除政府高层互动频繁以外，教育领域发展也很迅速。白俄罗斯教育部与中国国家教育委员会积极合作，就相互承认学历证书达成一致并签署协议。2005 年 12 月，哈尔滨理工大学与白俄罗斯国立大学签署《联合研究生院协议》，并于 2007 年成立联合研究生院。[①] 2006 年 12 月，白俄罗斯首所孔子学院——白俄罗斯国立大学共和国孔子学院正式成立。2011 年 9 月，白俄罗斯第二所孔子学院成功建立。

在此阶段，中白在科技方面也积极展开合作，两国政府建立科技合作委员会，互相在两国首都举办科技日活动。早在 2000 年，山东省曾派遣了一支以林廷生副省长为团长的科技考察团访问白俄罗斯，对白俄罗斯进行考察，并寻求合作机遇。是年 11 月 25 日，中白高科技园正式落户山东济南，引起很多国家的关注。

在文旅方面，2005 年 12 月，中白为了推动双边旅游合作，挖掘旅游合作潜力，在北京签署了旅游合作协定。2012 年 7 月，《白俄罗斯人看中国》在明斯克正式出版发行。作者们不仅讲述了两国关系发展的官方方面和这一时期最重要的政治事件，还分享了他们对“中国奇迹”的起源、中国改革开放政策经验与白俄罗斯的相关性、进一步合作前景的观察和思考。此外，在书中外交官们还回忆了与

---

① 赵会荣：《中白教育合作的现状和前景》，《俄罗斯学刊》2007 年第 7 卷，第 56 - 60 页。

中国政治家、国有和私营公司高管和普通百姓的非凡经历。这本书是研究中国和白中关系的学生和研究人员、年轻的外交官共同合作的产物。这本书发行于中白建交20周年之际，算是献给两国的一份特殊的礼物，也是增进两国人民友谊的重要举措。

（三）加速发展期（2013年—至今）

2013年7月16日，习近平主席同卢卡申科总统在北京正式签署关于加强和建立两国全面战略合作伙伴关系的《联合声明》。中白两国在人文领域交流和合作取得了长足进步。两国定期举行有关对方的国家节庆、文化日、电影周、照片展览会等各类文化活动。北京首都图书馆与白俄罗斯国家图书馆在北京签署合作协议，巩固了中白人民之间的友谊。

2014年，中白两国在政府间合作委员会协议的框架下，建立了政府间合作委员会，并下设文化分委会，主要负责两国人文领域之间的往来，这为两国之间的人文交流提供了平台。2014年3月，中国著名文化交流家刘瀚锴获得白俄罗斯文化部颁发的荣誉奖，这一奖项充分肯定了他对中国与白俄罗斯之间的文化和人文交流事业做出的突出贡献。刘瀚锴先生也是首位获得此项荣誉证书的外国人。

2015年5月，习近平主席对白俄罗斯进行了国事访问。此次访问也是中国国家元首在江泽民主席访问后的14年里第一次访问白俄罗斯。访白期间，习近平主席指出，“中国和白俄罗斯是好朋友、好伙伴。中方将继续支持白方办好孔子学院和中国文化日活动，继续支持中国有关省区结合自身特点和优势，同白俄罗斯相关地方开展对口和互补合作，培育务实合作新的增长点。”[①] 2015 年，除“欢乐春节”活动外，中方还参加了明斯克举办的国际图书博览会，带来 5000 多种中国民族传统优秀的图书。2015 年 10 月，白俄罗斯“中国文化日”正式开幕，话剧《我们的荆轲》也被认为是“中国文化日”的一项重点活动。在“中国文化日”举办期间，中白文化部在明斯克主持召开了中白政府间文化分委会会议。这一年是中白深化文化交流的重要一年

双方语言的相互学习也取得长足发展。白俄罗斯将汉语列入国家考试科目。中国目前开设白俄罗斯语的高校有北京第二外国语学院、天津外国语大学、北京外国语大学和西安外国语大学。北二外曾在 2017 年派出了全中国第一批白俄罗斯语的学生赴白俄罗斯进修。中国的白俄罗斯语教育取得快速进步。2020 年，天津外国语大学白俄罗斯研究中心编著了全国首批白俄罗斯语专业教材《白俄罗斯语入门教程》和《白俄罗斯概况（文选）》。白俄罗斯语资料的不断增加不仅为国内白俄罗斯语学习者提供了更多的工具，帮助他们快速解决学习中的难题，还充分带动了中国白俄罗斯语的建设，深得中白双方的一致好评。

为了进一步加深双方人民之间的相互认识和了解，扩大双方在人文领域内的合作与交流，两个国家都开始了在彼此地区建立自己的文化中心。2016 年 12 月，中白文化合作与交流的重要成果之一——中国文化中心正式落户于明斯克。2017 年 5 月，白俄罗斯在华举办了“白俄罗斯文化日”等一系列活动，同时还举行了白俄罗

---

① 《习近平同白俄罗斯总统卢卡申科举行会谈　一致同意开创中白全面战略伙伴关系新时代》，新华网，http://www.xinhuanet.com/politics/2015-05/11/c_127784703.htm。（上网时间：2021 年 3 月 39 日）

斯文化中心的开馆典礼。

2020 年 1 月 8 日，中国著名的雕刻家、国家美术馆馆长吴为山先生为著名的白俄罗斯诗人杨卡·库帕拉先生创作了一座雕塑。这座雕像目前位于北京第二外国语学院。2021 年 3 月 18 日，中国金台文院的中医药正式入驻中白工业园，弥补了园区内中国传统医药产业的空白，有利于中华民族传统医术的传承与传播，促进两国文明交流互鉴，帮助白俄罗斯缓解国内疫情压力。

二、中白人文交流的成就

（一）教育层面

对于中白两国而言，孔子学院和中白两国的留学生已经成为了新时代中白两国人文互动的重要力量。习近平曾经明确指出，青年人本身就是一个民族和国家繁荣发展的核心力量，要想真正地促进彼此双方的社会人文互动和交流，必须高度地重视这些青年之间的交流与学习，使得我们俩国的青年能够对彼此双方都有充分的理解和认知。

中白在“一带一路”倡议的框架下，大力推动双边教育的发展，并取得了显著成果。截至 2019 年 5 月，中白共签署两份政府间教育合作协议，三份政府部门间合作协议和 350 多个其他合作协议，每年开展 40 多个名额的政府奖学金交流项目。[①] 汉语教学的普及性和

① 赵会荣：《中国和白俄罗斯关系的进展和前景》，《世界知识》2020 年第 1 期，第 66－68 页。

持续性成为白俄罗斯汉语教学的主要特点。[①]

表8—1　中白孔子学院

孔子学院名称	启动时间	开办机构	中方合作机构
白俄罗斯国立大学共和国汉学孔子学院	2007－01－29	白俄罗斯国立大学	大连理工大学
明斯克国立语言大学孔子学院	2011－09－18	明斯克国立语言大学	东南大学
白俄罗斯国立技术大学科技孔子学院	2014－10－21	白俄罗斯国立技术大学	东北大学
戈梅利国立大学孔子学院	2017－12－20	戈梅利国立大学	南京理工大学
布列斯特国立大学孔子学院	2019－05－25	布列斯特国立大学	安徽大学

资料来源：作者自制。

白俄罗斯于2016年将汉语正式列为了国家级考试科目，并将其列入中小学教育的选修外语课之一，汉语学习已经遍布整个白俄罗斯各个州（市）。2016年，中国驻白大使馆设置“中国大使奖学金”，目的是激励白俄罗斯的汉语学习者发奋图强，鼓励他们成为两国关系的友好使者。2018—2019学年，中国在白俄罗斯留学人数高达1705人，占国际学生（高等教育）人数的10.2%，仅低于土库曼斯坦的7965人（47.8%），位列第二。以孔子学院为平台开展多姿多彩的文化交流活动，给白俄罗斯人民提供直接了解中国文化的窗口，激发汉语学习者的兴趣，是传播中华文化的重要途径之一。

① 赵会荣：《中国和白俄罗斯关系的进展和前景》，《世界知识》2020年第1期，第66－68页。

如果说三十年前中白双方存在语言和文化障碍，那么，如今这个问题已经得到基本解决。两国的教育系统每年都在培养越来越多的掌握汉语、俄语、白俄罗斯语的专业人员。彼此之间的科学研究合作也正在逐步深化。所有的这些事实表明，白俄罗斯和中国的教育系统为两国关系的发展做出了突出贡献。①

（二）文化层面

近年来，两国在文化艺术层面的交流更是精彩纷呈，主要呈现以下两个方面：

一方面，打造了文化艺术交流的品牌。中白分别在对方国家建立了一个文化中心，非常有利于加强双方在人文领域内的相互认识，增强双方在人文领域的友谊。两国以文化中心为中心，举办了丰富多彩的文化日活动。文化中心已成为双方文化交流的一个加速器，快速推进着两国人文交流与互动。2016 年，中国文化中心首次在白俄罗斯首都明斯克举办了“春节快乐”活动。目前已经连续举办了六届（2021 年为线上举行），已成为中白文化交流的传统活动和著名品牌。文化日活动也已成为中白人文交流与合作的重要品牌。

此外，在端午节、中秋节等中国传统节日期间，中国文化中心会举办丰富多彩的互动活动，让白方人民体验中国的传统文化习俗。例如，2017 年举行“非物质文化遗产周”，让更多的白方人民可以有机会了解和学习中国传统刺绣及川剧等文化和艺术。中白文化机构依据《关于成立中白政府间合作委员会的协议》的规定，定期联合举办文化日。

---

① 张翼、王镭：《中国与白俄罗斯：在“一带一路”建设中相伴而行》，中国社会科学出版社 2019 年版。

另一方面，建立了文化艺术交流的载体。2007 年 11 月，温家宝总理与卢卡申科总统于明斯克签署政府间《联合公报》。公报强调文化主管部门的重要地位，主张发挥文化机构的积极作用，加强沟通与联系，开拓民间文化交流。近年来，两国的国家图书馆、博物馆和新闻媒体等机构合作十分频繁，积极推动两国文化互动。

以图书馆为主要载体的交流与合作有以下两种形式：1. 图书出版交流与合作。在苏联时代，中国刚建国不久，就先后派出留学生赴俄罗斯、白俄罗斯等地留学。那时，就曾有中国人将中国文学翻译成俄语，或者将俄文翻成汉语。之后，这已经成为两种“语言”之间的默契。这种“互译”传统延续至今。2018 年，白俄罗斯语版的《20 世纪中国百名诗人作品集》正式出版发行，让白俄罗斯人有了进一步了解中国、了解中国文学的机会。这一系列翻译作品的出现，已经成为两国之间人文交流的缩影。文字互译成为了了解对方的一扇窗口。2. 赠书活动。除了文字互译，直接赠予图书有助于对方更加直观地感受对方的文化气息。中白建交后，中国多次向白方捐赠涵盖文学、艺术、政治和经济等领域的图书。2017 年，中国国家图书馆和白俄罗斯国家图书馆达成协议，积极开展合作，支持文化项目和数字图书馆合作。白俄罗斯国家图书馆目前有 5000 多份中文文献，范围涵盖政治、文化、历史等。

以博物馆和美术馆为主要载体开展交流与合作。白俄罗斯人非常注重文化艺术教育，对博物馆、美术展览非常感兴趣。中白两国以此合作为契机，将博物馆、美术厅和其他各类文化艺术教育事业单位作为文化交流的重要载体，举办博物馆之夜、各种影片展示活动及戏剧音乐节等，全方位、多角度地推动两国在文化交流领域的合作。例如，2015 年 9 月，中国驻白使馆与白俄罗斯友好协会、白历史博物馆联合举办主题图片展，回顾了中白两国人民在反法西斯侵略战斗中曾经相互支持、并肩作战的过程。双方都珍惜两国在战火中结下的兄弟情谊。2018 年 4 月，驻白大使馆教育处和白俄罗斯国立技术大学孔子学院联合举办“我眼中的中国和白俄罗斯”摄影大赛，两国参赛者透过镜头记录了两国友好交往的瞬间，大大加深了中白民众之间的相互了解。

通过电影周及电影节进行交流。在现代高速发展的科技及互联网的支撑下，影视合作成为人文交流的重要内容之一。中白鼓励两国的文化部门积极开展影视交流与合作。2018 年 11 月，白俄罗斯导演维亚切斯拉夫·尼基福罗夫的电影《Тум－Паби－Дум》（《寻亲记》）参加了第 27 届全中国电影节“金鸡和百花杯”的奖项角逐展映。电影中有很多展现中国文化的镜头，例如，以一对中白夫妇为线索，提到中国的语言、功夫和熊猫等文化符号。电影展览活动和电影节非常具有影响力。每年十月份中国都会在白举办电影节。

（三）旅游层面

旅游是促进中白两国人民交流与互动的有效途径之一，经济的快速发展也有赖于旅游业的兴旺发达。因此，中白在推动两国人文教育与合作的同时，特别注重深化两国在旅游领域的合作。

两国在旅游领域的合作也是中白人文交流的重要内容之一。中白两国于 2005 年在北京签订了双边旅游合作协议。2015 年 11 月，中国国家旅游局局长李金早与白俄罗斯旅游部副部长亚历山大·沙姆科就进一步深化旅游领域各层面的合作问题进行了磋商，并就互免团队旅游签证事宜签署了协议。中白政府均高度重视旅游的法律保障，积极推动涵盖地方、协会和企业的多层次的双边旅游合作，继续深化合作内容。

深化中白旅游合作，地方政府发挥不可替代的作用。2017 年 5 月，中国长春市人民政府和白俄罗斯明斯克市政府就关于推动两市互为旅游目的地签署合作协议。2018 年 5 月，陕西省联合中国文化中心在明斯克等地举办“旅游文化周”活动。现场通过专场文艺演出、旅游摄影展、旅游 VR 体验等方式，给当地群众展现历史与现代交相辉映、传统与时尚完美融合的陕西。2018 年 8 月，福建省首次在白俄罗斯格罗德诺市政厅举办了“清新福建”旅游图片展。福建和格罗德市利用双方互补性，深化两地旅游交流互动，促进两国旅游业的发展。此外，中国的很多省份都在白俄罗斯举办过旅游推介活动。因此 2018 年也被称为“中白旅游年”。

中白为简化旅游程序，于 2018 年上合青岛峰会期间，就普通护照的免签问题双方达成了一致并签署协议。协议于 2018 年 8 月 10 日生效，根据协议持普通护照的中国大陆公民，可以获得免签许可入境白俄罗斯。这为中白旅游业合作创造了优良的条件。文旅企业合作也迅速发展，2018 年 12 月 29 日，白俄罗斯中白今人文化有限公司正式挂牌入驻中白工业园。这也是首家正式入驻该园区的中国传统文化类企业，公司将致力于拓展中国和白俄罗斯两国间的传统文化交流及其他文化旅游服务等。

白俄罗斯政府非常重视与中国的旅游合作，时刻关注中国旅游市场的开放，并承诺加大力度促进签证便利化、增加中白旅游航线和关注红色旅游市场的开发。白俄罗斯很愿意为中国游客提供更加优质的旅游服务和体验。

三、中白人文交流的特点

中白两国政府非常重视两国的文化交流与合作。两国建交 29 年以来，双方在政治上高度互信，经贸往来稳步推进，人文交流不断步入正轨且机制化，双边合作不断深入。在双方的不断努力下，两国之间的文化活动琳琅满目，人民之间互动十分活跃。

2013 年，习近平主席提出“一带一路”倡议，白俄罗斯积极响应并参与其中。两国关系再上新高度，提升至全面战略伙伴关系。中白人文交流领域的合作更是取得突飞猛进的进展。回顾两国这些年的人文交流的历程，总体呈现“以政府为主导、顶层设计、政策助力、全方位交流”的特征。[①]

（一）政府主导，顶层设计

中白文化交流始终由两国政府主导。两国在政治上彼此理解、在经济上优势互补、在地缘战略上彼此需要、在文化上互相包容，签订一系列的合作协议，给两国间的文化交流合作提供了可靠的政治基础和制度保障。[②] 笔者通过政府文件及相关报道整理了中白所签订协议中有关人文交流的内容：

---

① 《驻白俄罗大使崔启明就中白两国文化交流与合作接受白通社专访》，中华人民共和国驻白俄罗斯共和国大使馆 http：//by. china – embassy. org/chn/zbgx/whjl/t1235388. htm。（上网时间：2021 年 3 月 10 日）

② 吴汀亭：《从中白工业园看“一带一路”倡议的前景与挑战》，外交学院硕士学位论文，2017 年。

表8—2　政府间的人文交流与互动

时间	人物	地点	文件/事件	成果/意义
1995年1月17日	江泽民主席 卢卡申科总统	北京	两国签署《关于进一步发展和加深合作的联合声明》	双方承认相互学习语言的重要意义
2005年12月5日	胡锦涛主席 卢卡申科总统	北京	《联合声明》	扩大两国人文领域交流和地方合作，加强两国民间和地方交往，促进青少年交流，增派留学人员、文艺团组，互办“文化日”“艺术展览”等活动；中白关系进入全面发展和战略合作新阶段
2013年7月16日	习近平主席 卢卡申科总统	北京	《关于建立全面战略合作伙伴关系的联合声明》	大力开展全方位、宽领域、多层次的人文合作；建立全面战略伙伴关系
2014年1月20日	李克强总理 米亚斯尼科维奇总理	北京	《中白全面战略伙伴关系发展规划（2014－2018）》	双方建立了副总理级合作委员会，并在该委员会下设立了文化分委会
2016年9月29日	习近平主席 卢卡申科总统	北京	《关于建立相互信任、合作共赢的全面战略伙伴关系的联合声明》	宣布中白要发展全天候友谊，鼓励旅游院校和机构开展合作，设计开发符合双方游客需求的旅游产品

资料来源：作者自制。

我们可以看出，自1992年中白建交，两国政府交往十分频繁，一直保持着紧密的互动。双方都非常注重两国之间的人文交流。中白双方秉持开放合作、互信互惠的原则相互支持，不断达成协议，深化双边关系，为中白两国人文交流与合作打下了坚实基础，为两国持续展开更广、更深的人文交流与互动提供了充足保障。

（二）多头并进，动力强劲

中白人文交流除以政府主导的人文活动以外，以中国各省（市）与白俄罗斯各州（市）为代表的地方互动也十分频繁，建立了友好合作关系，中白两国很多省（市）与州（市）之间建立友好省州关系（见表8—3）。

表8—3　中白地方政府之间的友好往来

时间	事件	成果/意义
2004 年	中国河南省与白俄罗斯莫吉廖夫市建立友好省州关系	河南作为古都之城，身兼传播中华优秀文明的重任，与莫吉廖夫市建立友好关系，有助于增进对彼此的了解，加深双方友谊
2007 年 7 月	中国甘肃省与白俄罗斯格罗德诺州建立友好省州关系	双方签订《哈尔滨—维捷布斯克建立国际友好城市关系协议书》
2014 年 6 月	中国深圳市与白俄罗斯明斯克市缔结友好城市关系	深圳市作为中国改革开放的前沿城市，具有雄厚的经济基础和发展优势，与明斯克市建立友好城市关系，有助于推动中白工业园项目的迅速建设，实现双方互利共赢
2015 年 7 月	中国甘肃省与白俄罗斯签署合作备忘录	双方建立友好合作关系，就开通省会兰州市至明斯克的国际航线达成一致，助推互联互通，丝绸之路经济带建设

续表

时间	事件	成果/意义
2016 年 7 月	中国重庆市与白俄罗斯明斯克州缔结友好市州关系	为日后重庆市与白俄罗斯经贸企业合作、人文往来的日益密切做出重大贡献
2016 年 10 月	中国广东省和白俄罗斯明斯克州经贸旅游合作交流会	双方表示进一步扩大经贸往来，加强旅游交流，推动各领域深入务实合作

资料来源：作者自制。

由此可见，除了两国政府积极推动，地方政府也积极参与，推动两国地方关系日益密切。

此外，两国企业之间的合作也日益频繁，特别是 2011 年，中白就关于在白俄罗斯首都明斯克建立中白工业园区达成一致并签署协议后，两国企业之间互相靠近，互动更加积极。中白工业园的奠基和开工为两国企业深化合作搭建起了绿色便利的平台，可以进一步深化两国的友好关系。笔者通过政府文件及相关报道整理了中白两国自 2014 年中白工业园奠基仪式以来双方科技型企业合作的内容：

表 8—4　中白企业之间的合作

时间	地点	事件	内容/意义
2015 年 5 月	白俄罗斯	中国—白俄罗斯地方经贸合作论坛	中白建交二十三年以来举办的层次最高、规模最大的经贸活动。两国的众多大型企业参与论坛讨论

续表

时间	地点	事件	内容/意义
2016年6月15日	白俄罗斯国家图书馆会议大厅	《大数据与深度分析》国际论坛	中白两国政府高度重视信息化建设
2017年3月3日	白俄罗斯国立技术大学	《中白建交25周年：科技合作成果与前景》研讨会	白方对今后两国科技合作前景充满信心，将继续与中方保持密切合作，加强科技战略对接，推动两国科技领域合作再上新台阶
2018年	中白工业园	中新智擎科技有限公司（IM）作为中白工业园的第27家入园企业	这是首次向“一带一路”倡议沿线国家输出以人工智能为代表的高新技术，是一次伟大的尝试
2021年1月14日	中白工业园	白俄罗斯电信公司与华为公司合作在中白工业园展开了5G应用的测试，现场还演示了智能门禁、机器人、无人车驾驶、道路监控及8K视频播放测试情况	这是白俄罗斯首个5G应用测试平台，推动白方5G通讯技术的发展和普及

资料来源：作者自制。

综上所述，中白两国之间的人文交流与往来是由两国政府主导，地方政府、公司企业及两国人民等主体的积极互动，形成了“政府主导，多头并进”的发展格局。中白两国的联系层层深入，从公司和企业到地方政府再到国家间合作，中白两国的交往变得更加具有战略意义，也更加务实。

（三）教育引领，优势互补

中白之间的人文交流是由教育引领的。1992 年中白签订的第一份文化协定中有明确指出，互派留学生并提供奖学金名额，鼓励高校之间直接对接与合作，互换教科书等。中白建交二十九年以来，双方签订了众多政府间合作协议和不同级别的合作备忘录，为双边教育合作搭建了一个完整的框架。发展至今，中白之间教育合作已经形成坚实的基础。

白俄罗斯作为苏联加盟国之一，继承了苏联的工业遗产和高等教育体制。同时，随着教育体制的改革，白俄罗斯已经形成一套完整的教育体系，实现了“全民教育”。随着两国交流与合作不断深化，教育合作将不断扩大和深化。

中白之间没有根本的利害冲突，两国在政治、经济、文化、教育等领域实现了优势互补的发展，特别是在“一带一路”框架下的多领域的务实合作。① 白俄罗斯的激光技术、医疗器械和信息通信技术等领域已经达到世界前沿水平。正如上文所提，大连理工大学和白俄罗斯国立大学成立联合学院，重点培养纳米材料、信息技术和自动化等领域的国家专业人才。

中白双方相互借鉴治国理政和发展经验，优势互补，夯实合作基础，是双方务实合作的生动体现。白方认可中方改革开放以来取

---

① 张翼、王镭：《中国与白俄罗斯：在“一带一路”建设中相伴而行》，中国社会科学出版社版 2019 年版，第 161 页。

得的非凡成就，积极投身参与共建习近平主席倡导的“人类命运共同体”。中白互利合作，充分发挥各自优势，实现互补式发展，中国的发展机遇与白俄罗斯的发展需求对接，白俄罗斯的发展优势与中国市场衔接，为双方发展项目对接提供了需求和基础。①

新时期，在以“一带一路”倡议构想为研究背景的前提下，促进两国国际关系和文化交流，理解和把握新时期中白两国合作关系和文化融汇研究，做好新形势下中白两国关系的发展十分重要。②

结 语

经过中白双方二十九年的共同努力，双方本着互信、互助、互利的原则，两国关系上升到全面发展战略伙伴关系的新台阶。双方不断夯实人文交流基础，增进与“一带一路”倡议沿线国家的社会和民间交流往来，不但能够有效地弘扬中华文明、提升中国传统文化的软实力，而且还能够在各个领域起到促进政治外交和经贸往来发挥着不可替代的广泛多元性作用，推进“一带一路”的倡议，开创中白两国在经济上的融合、政治上的互信、文化上的互容和世代友好的新形势。

当今世界是一个快速发展和变化的世界。中国 GDP 自 2010 年超越日本成为世界第二大经济体以来，一直坚持和平发展的路线，以和平民主的方式处理国际关系，始终秉持“互不侵犯，互利共赢”

① 张翼、王镭:《中国与白俄罗斯：在“一带一路”建设中相伴而行》，中国社会科学出版社版 2019 年版，第 163 页。

② 马丽:《“一带一路”文化传播视角下中国与白俄罗斯文化传播与融合研究》，《新闻爱好者》2018 年第 4 期。

的发展原则，为维护世界的和平稳定做出积极的贡献。2013 年，习近平主席提出“一带一路”倡议，强化与周边国家（地区）的友好关系，以让更多的国家（地区）享受中国发展带来的红利，搭上中国快速发展的便车。

白俄罗斯地处东欧大陆内部，连接欧亚大陆，西邻欧盟成员国，东接欧亚经济联盟加盟国，交通便利，地理位置也十分重要。而且，白俄罗斯支持“一带一路”倡议的发展，愿意发挥自己的优势，积极主动参与其中。这将为中白人文交流创造巨大的合作空间。

新时期，两国应该抓住机遇，挖掘人文交流与合作的潜力，将文化与经贸完美融合。中白之间的人文交流也可以成为密切双边关系的强大动力。中白继续保持密切联系，共同谱写丝绸之路的新篇章。

[参考文献]

李允华、农雪梅:《白俄罗斯（Belarus)》，社会科学文献出版社 2005 年版。

刘宏、张恒军、唐润华:《中华文化海外传播研究》，社会科学文献出版社 2018 年版。

张翼、王镭:《中国与白俄罗斯：在“一带一路”建设中相伴而行》，中国社会科学出版社版 2019 年版。

梁昊光、张耀军:《2019 中国“一带一路”人文与外交发展报告》，世界知识出版社 2019 年版。

孙玉华主编:《“一带一路”背景下的欧亚人文交流研究》，时事出版社 2018 年版。

于振起主编:《中国人看白俄罗斯》，新华出版社 2013 年版。

［白］托济克·阿纳托利·阿法纳西耶维奇:《白俄罗斯人看中国》，王宗琥等译，世界知识出版社 2014 年版。

张弘:《习近平首脑外交与中国白俄罗斯“一带一路”合作》，《俄罗斯学刊》2020 年第 1 期。

侯霞:《白俄罗斯孔子学院发展现状分析》，兰州大学汉语国际教育专业硕士论文，2020 年。

杨亮、隋鑫悦:《“一带一路”沿线国家孔子学院文化传播现状与发展策略研究——以白俄罗斯国立大学共和国汉学孔子学院为例》《文艺评论》2020 年第 6 期。

赵会荣:《中国和白俄罗斯关系的进展和前景》，《世界知识》2020 年第 1 期。

吴荣兰、章清:《“一带一路”背景下的中白文化交流与合作》，《浙江树人大学学报（人文社会科学)》2018 年第 6 期。

王济宇:《“一带一路”倡议下的中白教育合作：历史、现状与展望》,《河南教育（高教)》2018 年第 7 期。

李宝贵、李辉:《“一带一路”沿线国家孔子学院发展现状、问题及对策研究——以白俄罗斯孔子学院为个案》，《辽宁师范大学学报（社会科学版)》2016 年第 6 期。

吴汀亭:《从中白工业园看“一带一路”倡议的前景与挑战》，外交学院硕士学位论文，2017 年。

马莉娜:《白俄罗斯语言政策调研报告》，天津师范大学国际教育交流学院硕士论文，2018 年。

秦珊珊:《文化冲突视域下的中白跨文化交际》，西安外国语大学，俄语语言文学硕士论文，2019 年。

姜少敏:《以科技合作促进中国与“一带一路”沿线国家的经贸

往来》，《全球科技经济瞭》2017 年第 10 期。

赵会荣:《白俄罗斯与“一带一路”》，《欧亚经济》2017 年第 4 期。

赵会荣:《中白工业园：“一带一路”倡议的重要实践》，《世界知识》2017 年第 9 期。

赵会荣:《中白教育合作的现状和前景》，《俄罗斯学刊》2007 年第 7 卷。

刘进，王艺蒙:《“一带一路”沿线国家的高等教育现状与发展趋势研究（三十六）——以白俄罗斯为例》，《世界教育信息》2020 年第 2 期。

Anne Coombes，Culture Smart！Belarus，UK：Kuperard，2008.

《Белорусско - китайские отношения в воспоминаниях белорусски-хпослов》，составитель Анатолий Афанасьевич Тозик，Звязда，2017гг.

Соглашение о сотрудниче стве между Министерствами образования и науки Республики Беларусь и Государственным комитетом Китайской Народной Республики по делам образования на 1997 - 2000 гг.

Митрофанова О. Г. Ценности Белорусских и Китайских студентов как фактор межкультурного взаимодействия，2016 гг.

Обзор итогов внешней политики Республики Беларусь и деятель-ности

Министерства иностранных дел в 2016 году.

中华人民共和国驻白俄罗斯共和国经济商务处：http：//by. mofcom. gov. cn/。

中华人民共和国驻白俄罗斯共和国大使馆：http：//by. china -

embassy. org/chn/。

白俄罗斯共和国驻华大使馆：http：//china. mfa. gov. by/zh/。

白俄罗斯共和国官网：https：//www. belarus. by/cn/about – belarus。

俄罗斯卫星通讯社：http：//sputniknews. cn/。

图书在版编目（CIP）数据

构建周边利益共同体研究/郭兵云主编.—北京：时事出版社，2021.12

ISBN 978-7-5195-0459-5

Ⅰ.①构… Ⅱ.①郭… Ⅲ.①国际关系—研究 Ⅳ.①D81

中国版本图书馆 CIP 数据核字（2021）第 235992 号

出版发行：时事出版社
地　　址：北京市海淀区彰化路 138 号西荣阁 B 座 G2 层
邮　　编：100097
发行热线：（010）88869831　88869832
传　　真：（010）88869875
电子邮箱：shishichubanshe@sina.com
网　　址：www.shishishe.com
印　　刷：北京良义印刷科技有限公司

开本：787×1092　1/16　印张：11.25　字数：152 千字
2021 年 12 月第 1 版　2021 年 12 月第 1 次印刷
定价：68.00 元